지리를 알면
보이는 것들

지리를 알면
보이는 것들

공간은 인간의 운명을
어떻게 결정짓는가

정은혜 지음

보누스

지리학을 공부한 사람으로서 누구나 편안하게 지리에 접근할 수 있는 책을 한 권 만들어보고 싶었습니다. 그렇다고 독자들에게 쉽게만 다가가기보다는 지리학의 기본 개념과 틀, 이론 등을 알아가면서 그것이 우리가 살고 있는 지역과 어떤 관련이 있는지 생각해볼 수 있었으면 했습니다. 그래서 포괄적으로는 '지리를 알면 무엇이 보이는지'에 대한 다양한 이야기를 다루고, 전공서와 교양서를 한데 아우르는 책을 쓰고자 했습니다. 이를 위해 가급적 직접 답사하며 찍은 사진들을 활용했습니다. 다양한 지역을 보여주는 사례와 사진들은 우리가 살아가는 사회를 이해할 수 있게 하는 좋은 재료들이기 때문입니다.

이 책은 여러 인문지리학 개론 서적과 기본 틀이 크게 다르지는 않습니다. 그럼에도 불구하고 책의 구성이 '지리를 알면 보이는 것들'을 이해하는 데 무난한 도움을 줄 수 있으리라 생각합니다. 무엇보다 직접 촬영한 답사 사진들을 비롯해 문학이나 영화 등 다양한 매체의 작품들을 설명에 활용하여 이 책을 보다 인문학적으로, 문화역사적으로, 사회적으로 이해할 수 있도록 이끌 것입니다.

지리학적 탐구는 단순히 '장소들이 어디에 위치하는가?' 하는 정도의 의문을 해결하려는 기술적 탐구의 범주를 훨씬 넘습니다. 이 책은 지리학 전공자 혹은 비전공자인 여러분과 함께 '인간이 왜, 어떠한 과정을 통해서 주변 환경을 보다 구체적인 인문환경으로 변화시키는가?'에 대한 주제를 지리학의 핵심 개념들과 연계하여 논의하고자 합니다. 이를 위해 지역과 장소들의 상호연관성, 지역과 장소들의 독특성, 장소와 경관의 해석, 도시화, 도시구조, 도시문제 등의 주제들과 연관 지어 지리학을 사회 및 도시와 연계해 다뤘습니다. 이 책에 대한 평가와 판단은 아마도 독자분들께서 해주시겠지요.

뜬금없지만 감사 인사를 드려야겠습니다. 언제나 객관적인 시각으로 비판과 칭찬의 말씀을 모두 건네주시는 어머니, 이제는 하늘에서 저의 모든 것을 바라보며 응원하실 아버지, 부족한 수업일지라도 저의 열정을 믿고 따라주는 제자들은 진정 저를 이끄는 힘일 것입니다. 또한 저를 낭만지리학파로 이끌어주신 노시학 교수님, 초등학교 시절부터 지금까지 한결같은 마음으로 응원해 주시는 전왕건 선생님, 그리고 학문적인 교류와 깊이 있는 조언과 배려를 나누어주시는 김영성 교수님, 주성재 교수님, 황철수 교수님, 조창현 교수님, 지상현 교수님, 최서희 교수님, 심승희 교수님, 김일림 교수님, 정희선 교수님께도 감사하는 마음을 전합니다. 이에 더하여 세심한 배려로 학문에 정진할 수 있도록 도와주시는 신인섭 원장님, 함께 일하는 연구원 선생님들께도 감사 인사를 드립니다. 일일이 언급하지 못한 많은 고마운 분들에게는 감사와 양해의 말씀을 동시에 전합니다. 마지막으로 보누스 출판사 관계자 여러분께도 감사의 마음을 드립니다.

정은혜

7

○차 례

3장

지리를 알면 보이는 경관

4장

지리를 알면 보이는 경제

○ 이 책의 이론적인 내용은 폴 녹스Paul L. Knox와 샐리 매스턴Sallie A. Marston의 《Human Geography: Places and Regions in Global Context》(6th Edition/International Edition, 2012, Pearson Education, Inc.)의 영향을 크게 받았습니다.

1장

지리를 알면 보이는
장소

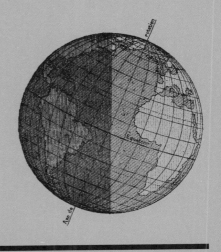

우리는 왜
장소에 탐닉하는가

땅의 이치를 밝히고자 하는 지리학은 크게 두 분야, **자연지리학** physical geography과 **인문지리학** human geography으로 나뉩니다. 자연지리학에는 지형학, 생물지리, 육수·해양지리, 지질학, 기후학, 토양지리 등이 있습니다. 인문지리학은 도시지리, 교통지리, 문화지리, 관광지리, 사회지리, 경제지리, 정치지리, 인구지리, 촌락지리 등을 포함합니다.

이 중 인문지리학은 공간 조직, 인간, 환경 간의 연관성을 탐구하는 분야로서 인간이 공간을 만들어가는 과정과 공간의 형태 등을 연구합니다. 궁극적으로는 '공간이 나에게 갖는 의미는 무엇인가?'를 고민하는 학문입니다. 따라서 인문지리학적인 이해는 우리 삶에서 중요한 의미가 될 수 있겠지요.

그렇다면 인문지리학은 구체적으로 어떠한 측면에서 유용할까요? 우선 '지적인 측면'에서 인문지리학은 삶의 의미, 즉 '우리가 왜 여기서 살아가고 있는가?'를 이해할 수 있게 합니다. 예를 들어 강남에 남은 마지막 판자촌으로 알려진 구룡마을을 살펴보겠습니다. 구룡마을은 강남 개포동에 위치해 있지만 무허가 정착촌 squatter settlement

으로 분류되는 지역이라 주소가 부여되지 않습니다. 분명 구룡마을은 실재하고 있는데도 행정 주소가 없으므로 현재 지도에는 '구룡마을'로만 표기되어 있을 뿐 명칭 외에는 아무것도 찾아볼 수 없습니다. 예전에는 이름조차도 명시되지 않아 '유령마을'로 불린 적도 있습니다. 각종 행정적인 혜택에서도 제외되어 이곳 주민들 역시 유령주민처럼 여겨집니다.

구룡마을 바로 맞은편에는 타워팰리스가 있습니다. 강남의 최고가 아파트인 타워팰리스와 불과 2km 떨어진 공간에 무허가 판자촌이 있는 것입니다. 이처럼 대조적이고 아이러니한 경관은 구룡마을 주민들에게 커다란 상대적 박탈감을 느끼게 합니다. 이때 구룡마을이라는 공간의 정체성에 의문을 제기할 수 있습니다. 구룡마을은 어떤 이유로, 어떻게 형성된 것일까요?

구룡마을은 서울이 성장하는 과정에서 기존 철거민의 이주, 급격히 오른 주거비용, 위장전입 등 여러 가지 이유로 등장했습니다. 하지만 이곳이 형성된 가장 큰 이유는 '88 서울올림픽'을 계기로 한

지도에 제대로 표시되지 않는 유령화된 구룡마을(왼쪽), 실재하는 구룡마을(오른쪽)

출처: 구글 맵

⬭ 구룡마을과 타워팰리스의 대조적인 모습

도시 재정비 사업에서 찾아볼 수 있습니다. 올림픽을 앞둔 우리나라는 당시 김포공항에서 서울로 들어오는 도로와 그 주변 지역에 위치한 낡은 판자촌들을 정비할 필요가 있었습니다. 이들은 한국의 '좋은' 이미지를 세계에 알려야 하는 입장에서 썩 달가운 것이 아니었기 때문입니다. 그런 의미에서 낡은 판자촌은 제거해야 할 대상으로 간주되었고, 결국 발전된 서울의 모습을 보여주기 위해 이 구간의 낡은 판자촌들에 대한 강제 철거가 결정되었습니다. 이 과정에서 이곳에 거주하던 철거민들이 살아갈 수 있도록 임시 거처가 마련되었는데, 그곳이 바로 구룡마을입니다.

⬭ 구룡마을의 비좁은 골목길과 공동화장실, 주소가 없어 '지구'로 명시한 대문 명패

이렇게 시작된 마을은 점차 갈 곳 잃은 사람들이 하나둘 몰려들면서 그 규모가 더욱 커지게 됩니다. 애초부터 형편이 어려운 사람들이 모여 살면서 형성된 곳이었으므로 합법적 토지이용 절차를 거치지 못했습니다. 그렇게 30년 넘게 유지된 구룡마을에는 점차 불법점유지라는 낙인이 찍히기 시작했고, 결국 재개발이 결정되었습니다. 현재도 재개발 추진 과정에 있지만 아직까지 경관상 크게 바뀐 건 없습니다.

이러한 상황에서 구룡마을이라는 공간을 어떠한 정체성으로 바라볼 수 있을지 고민하는 것이 바로 인문지리학입니다. 이곳을 일반적인 강남 지역으로 볼 것인지, 아니면 단순한 무허가 정착촌의 범주로 볼 것인지를 고민하다 보면 마을의 형성과 역사적 상황, 위치 등에 대한 지리적인 배경 지식을 조사하고 고찰하게 됩니다. 이처럼 공간에 대한 고민을 보다 깊이 있게 논의할 수 있는 것이 인문지리학입니다.

인문지리학의 '실용적인 측면'도 배제할 수 없습니다. 일산 신도시 및 분당 신도시 등의 도시계획, 기업의 효율성 제고 측면에서 산업입지론이 적용된 울산, 환경 이슈가 부각되며 이루어진 청계천 복원 사업 등이 그 사례입니다.

특히 청계천의 경우, 조선 시대에는 왕의 행차가 이루어지는 이벤트 공간이자 서민들의 놀이터였으나 광복 후 수상水上 판자촌으로서 근대 서민들의 애환이 서린 곳이 되었습니다. 그러다 1960년대 경제발전이 시작된 후에는 악취로 뒤범벅이 된 이곳을 덮고 고가를 건설하여 우리나라의 경제성장을 떠받친 의류 타운으로 변모하기도 했습니다. 이후 어느 정도의 경제성장을 이룬 시점에서는 산업화를

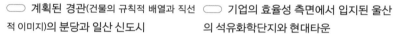
계획된 경관(건물의 규칙적 배열과 직선적 이미지)의 분당과 일산 신도시 ⬭ 기업의 효율성 측면에서 입지된 울산의 석유화학단지와 현대타운

통한 발전보다 환경과 보존에 대한 관심이 더욱 커지면서 청계천 복원 사업이 진행되었지요. 이에 따라 고가를 철거하고 청계천에 다시 물이 흐르도록 하면서 현재에 이르고 있습니다.

이렇게 청계천이 변화한 역사를 살펴보면, 공간을 대하는 관점의 변화가 실제로 적용되는 과정을 통해 인문지리학의 유용성을 살펴볼 수 있습니다. 이외에도 범죄 분포도, GIS를 기반으로 한 GPS 추적 장치 등의 시스템을 구축하는 것 역시 사회정의 구현에 일조하는 인문지리학의 실용적 측면을 잘 보여줍니다.

● 조선 시대, 왕의 행차길

● 일제강점기와 6·25 전쟁으로 인한 청계천 인구 증가와 슬럼화

● 60~70년대, 경제발전을 위한 고가도로 형성

● 현재, 환경을 고려한 청계천의 복원

◯ 청계천의 변화 과정

유전무죄 무전유죄

영화 〈홀리데이〉(2006)는 '88 서울올림픽'이라는 우리나라의 시대적 배경에서 판자촌에 살았던 지강헌의 이야기를 다룹니다. 〈홀리데이〉를 본 사람이라면 아마 기억하겠지만, 지강헌은 탈주범입니다. 우리는 그를 범죄자로, 그리고 무서운 존재로 기억하고 있습니다.(물론 이것이 틀린 말은 아닙니다.)

하지만 이 영화는 지강헌이라는 인물의 범죄 행위에 초점을 맞추지 않습니다. 대신 이 사람이 살아온 과정과 인간성, 더 세밀하게는 공간에 주목하고 있지요. 영화의 제목처럼 팝밴드 비지스Bee Gees의 '홀리데이Holiday'라는 곡을 무척 좋아했다는 지강헌은 시인이 되는 게 꿈이었던 가난한 청년이었습니다. 그러나 자신이 살던 판자촌이 강제로 철거되면서 사회가 행한 권력과 차별을 향해 분노를 품었고, 이를 범죄로 표출하며 교도소를 들락거리게 됩니다. 그러던 중 탈옥을 감행하고 한 가정집에 들어가 여성들을 인질로 삼으며 경찰과 대치상황에 놓이게 되지요. 당시 이 모습은 모두 TV로 생중계가 되었고, 이 경악스러운 모습(피에 젖은 셔츠와 총을 든 지강헌의 모습) 탓에 그는 많은 사람에게 극악무도하고 비이성적인 범죄자로 강하게 인식되었습니다.

그런데 경찰과의 대치상황에서 지강헌이 부르짖은 유명한 말이 있습니다. 바로 '유전무죄 무전유죄有錢無罪 無錢有罪'라는 외침이었습니다. '돈이 있으면 무죄, 돈이 없으면 유죄'라며 사회에 일침을 가한 것입니다. 그의 이 말은 결국 영화 소재로 이어졌습니다. 당시 그가 부르짖던 '유전무죄 무전유죄'는 아직도 모르는 사람이 없을 정도로 회자되고 있습니다. 그 이유는 아마도 이런 일들이 여전히 비일비재하기 때문일 것입니다.

이 영화는 묻습니다. 시인을 꿈꾸고 비지스의 홀리데이를 좋아하던 평범한 청년이 가난, 차별, 권력이라는 부당한 사회 구조 탓에 범죄의 나락으로 떨어진 것은 아닌가 하고 말입니다. 물론 그의 범죄(탈옥 행위와 인질극 등)는 결코 정당화될 수 없습니다. 그러나 한 인간이 충격적인 사건과 파장을 일으키기까지 어떠한 시대적 상황이 있었는지, 어떠한 억압 과정을 거쳤는지를 좀 더 들여다본다면, 결국 우리가 말하는 인문지리학에서의 시간과 공간의 중요성을 무시할 수는 없을 것입니다.

● 영화 〈홀리데이〉 포스터와 장면들

공간이 보여주는
자화상

　일반적으로 공간, 지역, 장소 등은 비슷한 의미로 쓰이지만, 엄밀히 말하면 모두 다른 뜻을 지니고 있습니다. 공간은 영어로 space(스페이스)입니다. space는 물리적 실체나 틀을 의미하는 개념으로서 셋 중 가장 광범위한 규모에 사용합니다. 이와 달리 지역은 region(리전)으로 표기하고, 동질적 공간 단위를 갖는다는 것을 의미합니다. 장소는 place(플레이스)라고 부르며 어느 한 지점으로서의 의미가 부여된, 보다 구체적인 공간을 나타내는 경우가 많습니다.

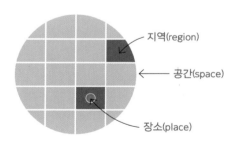

　　지역(region)
← 공간(space)
장소(place)

⬭ 공간, 지역, 장소의 범위 모식도

즉 장소가 모여 지역이 되고, 지역이 모여 공간이 된다는 개념으로 이해할 수 있겠지요. 하지만 이처럼 공간, 장소, 지역의 각자 다른 범주적 개념과 표기와는 달리 아직 우리는 이 용어들을 혼용하고 있으며 명확한 구분 역시 쉽지는 않습니다.

인간은 장소에 본능적인 호기심을 가지고 있습니다. 우리가 익히 들어 알고 있는 〈내셔널 지오그래픽National Geographic〉은 세계에서 가장 인기 있는 잡지이자 브랜드입니다. 사람들은 내셔널 지오그래픽이 이렇게 인기 있는 이유가 사람들에게 장소에 대한 호기심을 충족해 주기 때문이라고 해석하기도 합니다. 이처럼 많은 사람이 보편적으로 장소에 호기심을 지니고 있지만, 이에 관해 체계적인 지식을 가지기는 쉽지 않습니다. 하지만 지리를 알면 이야기는 달라집니다. 특히 '각 장소는 왜 현재와 같은 특성을 지니고 있으며, 장소가 우리 삶에 어떠한 의미를 부여하는가?'라는 질문에 대해 지리가 체계적인 해답을 줄 수 있을 것입니다.

장소는 자연환경적 요소와 인문적 요소 간의 상관관계에 따라 만들어지고, 항상 역동적으로 변화합니다. 그러면서 각 장소는 나름대로의 독특성을 유지하고 있습니다. 그렇다면 지리학에서는 왜 장소를 중요하게 생각할까요?

먼저 장소는 지역 주민들의 **정체성**identity 형성에 영향을 줍니다. 앞서 구룡마을의 사례에서도 언급했지만, 장소가 지니는 독특성은 그곳에 거주하는 사람들의 정체성 형성에 큰 영향을 미칩니다. 장소는 인간이 일상생활을 영위하는 틀이 되고, 이 틀 속에서 사람들의 독특한 정체성이 형성되는 것입니다. 예를 들어 '나는 누구이며, 어떻게 사고하고 행동해야 하며, 내 삶의 궁극적인 의미는 무엇인가?'

등의 문제에 '장소'는 큰 영향을 줍니다. 단적인 예로 도시 주민과 농촌 주민의 정체성이 다릅니다. 그 이유는 단지 도시와 농촌이라는 장소적 조건이 다르기 때문입니다.

반대로, 장소는 그곳이 어떠한 모습을 지니고 있는지에 따라 장소를 이용하는 사람들의 정체성에 혼동을 줄 수도 있습니다. 일례로 우리나라의 한 대학은 외국 대학의 건축물이나 조형물을 그대로 본떠 이곳을 이용하는 대학생의 정체성 혼란과 부끄러움을 불러오기도 합니다.

이 대학의 본관은 줄지어 늘어선 기둥과 삼각형 건물 벽인 페디먼트pediment가 있는 그리스 양식의 건축물을 표방하고 있습니다. 이는 미국의 수도 워싱턴 D.C.에 있는 백악관, 국회의사당, 정부자료청 등 주요 공공건축물에 많이 쓰인 양식으로서, 국가적 권위와 상징의 힘이 느껴지도록 무게감 있게 만들어지는 것이 특징입니다.

하지만 정치·행정 건축물이 아닌 자유로운 사상이 전개되고 논의되는 대학교의 본관이 굳이 그리스 양식의 묵직한 건축물로 형상화되어야 하는지 의문이 남습니다. 이러한 모습은 학교 관계자들의 권위 강화, 학생들과의 거리감과 위화감 등이 반영되는 것처럼 여겨질 수 있기 때문입니다.

그뿐 아니라 이 대학의 대강당 건물은 벨기에 브뤼셀에 있는 성 미셸 대성당과 매우 닮아 있습니다. 처음 이 건물을 본 사람들은 "대학 안에 멋진 성당이 있네!"라며 이것이 어떤 의미인지 묻곤 합니다. 문제는 그 물음에 대답할 수가 없다는 것입니다. 단순한 모방 건물이기 때문입니다. 게다가 이 대학 도서관 앞에는 미국 컬럼비아 대학의 도서관 앞에 놓여 있는 여신상과 똑같은 조각상이 놓여 있습니다.

● 미국 정부자료청

● 국내 어느 한 대학의 본관

● 벨기에 성 미셸 대성당

● 국내 어느 한 대학의 대강당

● 미국 컬럼비아 대학 도서관 앞
  ALMA MATER(모교)상

● 국내 어느 한 대학의 도서관 앞 모교상

⟨ 국내 한 대학의 건축물과 조형물을 통해 바라본 장소의 정체성 문제

지리를 알면 보이는 장소

이 대학에 다니는 학생들의 정체성은 어떨까요? 오로지 유명한 외국 건축물의 겉모습만으로 대학의 외양을 치장하고 있으니 잘 모르고 본다면 그냥 예쁜 학교라고 생각할 수 있습니다. 그러나 자세히 알고 들여다보면 자신의 모교에 대한 정체성이 혼란스럽게 다가올 수밖에 없고, '아, 부끄러워!' 하고 고개를 돌릴 수도 있습니다. 이곳뿐 아니라 우리나라의 많은 대학이 외국의 아름답고 유명한 건축물이나 조형물들을 모방한 보여주기식의 경관을 조성해서 권위를 강화하거나 강요하는 경우가 적지 않습니다.

두 번째로, 장소는 주민들의 물질적인 복지, 삶의 기회, 생활양식의 선택 등에 영향을 줍니다. 대도시와 소도시를 비교해 보면, 대도시의 주민은 폭넓은 취업 기회, 다양한 문화시설로 상대적인 혜택을 누릴 수 있습니다. 반대로 범죄 가능성이나 환경 오염에는 더욱 노출될 가능성이 높습니다.

반면 소도시 주민은 제한된 취업 기회와 적은 문화시설을 갖지만, 상대적으로 낮은 범죄율과 양호한 자연환경이라는 혜택을 누립니다. 이러한 장소적 특성의 차이는 결국 많은 사람이 대도시로 이주하도록 결정짓는 요소가 됩니다.

세 번째로, 장소는 문화적 또는 감정적 상징의 공간이 됩니다. 고향이나 골목길 등을 떠올려 봅시다. 고향은 마음의 따스한 향수를, 골목길은 어릴 적 놀이 공간으로서의 푸근한 추억을 불러일으키지 않나요?

이와는 조금 다른 느낌이지만 문화와 감정이 집단적으로 나타나는 장소가 있습니다. 바로 종로의 탑골공원과 종묘 지역입니다. 이 두 지역은 역사적 상징성이 큰 곳이지만, 지금은 '노인이 집단화

⬭ 시골집과 골목길의 개구쟁이들은 고향과 골목길이 주는 따스한 정서를 드러낸다.

된 공간'으로 대변되는 경우가 많습니다. 탑골공원과 종묘 지역은 세계에서 유일하게 노인들이 한 공간에 집단적으로 밀집된 장소입니다. 학원, 식당, 패스트푸드점, 주점이 몰려 있어 젊은이들이 많은 시간을 보내는 관철동의 '젊음의 거리'와는 대조적입니다. 종로대로를 사이에 두고 젊음의 거리와 노인의 거리로 분화되는 것입니다.

특히 탑골공원 및 종묘 지역은 노인들의 문화를 대표하는 공간입니다. 나아가 노년기에 마주하는 사회적인 문제까지 내포하는 공간으로서 상징성도 지니고 있습니다. 이를 대변하듯 공원에 자리한 노인들은 아무것도 하지 않은 채 그저 하릴없이 시간을 보내고 있습니다.

마지막으로 장소는 변화와 혁신, 저항과 갈등이 표출되는 공간입니다. 대표적으로 광화문을 떠올릴 수 있습니다. 광화문이 있는 세종로는 과거 왕이 행차하던 길로 왕권이 느껴지던 '대로'였습니다. 하지만 자본의 힘이 거대해지면서 이순신 장군 동상을 중심으로 양옆에 넓은 차로가 만들어지고 자동차가 다니는 공간으로 바뀌었습니다. 빠름과 넓음이 강조되던 시대였으니 어쩌면 이러한 경관은

⬭ 노인의 공간인 종로 종묘공원과 탑골공원 일대

⬭ 종로 관철동 젊음의 거리

노인의 공간과 젊은이의 공간으로 나뉜 종로의 계층적 분화

당연한 것이었을지 모릅니다. 거대한 차로와 빌딩 숲이 들어서면서 경제성장을 상징하는 공간으로 변모된 것이지요.

그러다가 광화문 광장이 새롭게 조성되면서 세종로라는 지명에 맞춰 세종대왕상이 추가로 세워졌고, 광장이라는 이름이 가진 의미를 살려 차로는 좁히고 광장 규모는 상대적으로 넓혔습니다. 그러면서 이곳은 국민의 의견과 감정을 모으고 표출하는 공간으로 변모했습니다.

지금은 '광화문 광장' 하면 촛불시위가 바로 떠오를 정도로 국민의 의사를 표현할 수 있는 문화적 상징의 공간이자 변화와 혁신, 저항과 갈등의 공간이 되었습니다. 무엇보다도 광화문 광장이 국민의 공감대와 문화를 이끌어내는 변화와 혁신의 공간으로 나아갔다는 것에 의의가 있을 것입니다.

한편, 재개발 반대 의사를 표명하는 플래카드가 붙은 건물들은 갈등이 표출되는 공간으로 해석할 수 있습니다. 작게는 집 앞 대문에 적혀 있는 '개조심'이라는 문구 역시 '인간이 개에게 물릴 수 있

지리를 알면 보이는 장소

세종대왕

◯ 차로에서 광장으로 변화한 광화문(세종로)

재개발 플래카드와 개조심 문구: 위협과 공포를 드러내며 장소적 갈등을 보여준다.

다'라는 공포와 위협을 조성한다는 점에서 역시 장소적 갈등이 내포
된 것으로 바라볼 수 있습니다.

정리하면, 장소는 우리 삶의 양식과 정체성을 규정짓는 틀이 됩
니다. 우리의 삶은 '장소'에서 발생하고 있으며, 이러한 장소(삶터)의
의미를 연구하는 지리학은 삶을 설명하고 이해하는 과정에서 매우
중요한 의의를 지닙니다.

32쪽의 지도를 살펴보겠습니다. 이 지도는 〈한양지도〉(1788)로
서울 도성도를 그리고 있습니다. 지도에는 인왕산, 북악산, 도봉산,
북한산, 낙산이 있고, 아래로는 남산에 둘러싸인 한양의 모습을 볼
수 있습니다. 더 자세히 들여다보면 푸른 물줄기는 청계천이고, 그
주변에 보이는 빨간 선은 종로대로입니다.

앞서 설명했듯이 청계천이 흐르던 종로대로는 예로부터 왕의
행차가 지나던 큰길이었습니다. 종로대로는 조선 왕조 제일의 법궁
인 경복궁에서, 조선 시대 역대 왕과 왕비의 신위를 봉안한 종묘의
정전으로 이어지고 있습니다. 이는 결국 왕의 권력을 드러내는 것으
로 볼 수 있지요.

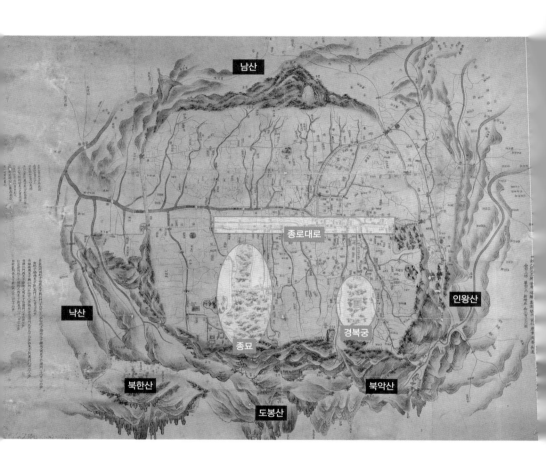

남산

종로대로

인왕산

낙산

경복궁

종묘

북한산

북악산

도봉산

⬭ 〈한양지도〉

지도에서는 남북이 뒤집혀 있다.

출처: 서울대학교 규장각 한국학연구원

즉 지도에서 단번에 드러나는 것은 왕이 행차하는 종로대로이며 이 길은 왕이 머무는 경복궁, 그리고 왕과 왕비의 신위를 모시고 있는 종묘로 이어집니다. 결국 조선 시대의 한양은 당시 중심지로서 왕의 권력이 가장 중요했음을 보여줍니다.

34쪽 사진은 앞서 본 〈한양지도〉의 실제 모습을 조선 시대 이후의 사진을 통해 바라본 것입니다. 왼쪽은 일제강점기였던 1927년 종로의 모습, 오른쪽 사진은 2000년대 종로의 모습입니다. 무엇이 보이나요? 왼쪽 사진에서 가장 두드러지는 것은 총독부(해방 후 중앙청), 경성부(해방 후 시청), 조선은행(해방 후 한국은행) 등의 하얀색 건물들입니다. 사진에서 이들 건물이 가장 눈에 띄는 이유는 당시 이 공간의 권력자가 일본이었기 때문입니다.

반면 현재의 종로 사진에서는 빌딩과 도로, 차가 보입니다. 이 빌딩, 도로, 차 등은 바로 자본을 의미합니다. 이는 현재가 자본주의 시대임을 의미하며 경제가 지배하는 시대라는 것을 나타냅니다. 이 같은 서울 종로의 변화 과정은 힘power에 따라 경관의 주인이 바뀐다는 것을 시사합니다.

모든 장소는 대부분 서로 **상호의존적인 연관성**이 있습니다. 여러 사례가 있지만 구체적으로 종로구와 노원구 등을 예로 들어 살펴보겠습니다. 종로구는 상업적·기업적 기능을 지닌 일자리 창출 지역이고, 노원구는 아파트촌으로서 인력이 대기하는 장소로 볼 수 있습니다. 한마디로 종로구와 노원구 사이에는 거주지와 업무지라는 상관성이 있습니다.

하지만 이러한 장소 간의 상호의존성은 반드시 모든 장소에 긍정적인 효과만을 유발하지는 않습니다. 다시 말해 특정 장소의 이익

- 1927년의 종로
  - 총독부, 경성부, 조선은행
  - 이 시기(일제강점기) 공간의 힘은
    일본의 권력을 의미한다.

- 현재의 종로
  - 빌딩, 아파트
  - 현재 공간의 힘은 자본(돈),
    즉 경제를 의미한다.

⬭ 1920년대와 2000년대 종로 전경 비교

이 다른 장소에 불이익을 유발할 수 있다는 뜻입니다. 역으로 특정 지역의 불이익이 다른 장소에 이익을 불러오기도 합니다.

아주 쉬운 예로 우리 동네에 지하철이 생긴다고 한다면, 나는 좋을 수 있지만 다른 동네 입장에서는 나쁜 일이 될 수 있습니다. 또한 후진국에서 발생한 기후 재앙이 역으로 선진국의 식량 수출을 높이기도 합니다. 이처럼 남의 불행이 곧 나의 행복으로 연결되는 논리가 어쩔 수 없이 적용되는 경우가 있습니다.

이처럼 각 장소들이 지니는 독특성과 장소 간의 상호의존성을 충분히 이해하고 있을 때 우리는 비로소 장소를 체계적으로 이해할 수 있으며, 이것이 바로 인문지리학적 탐구의 궁극적인 목표가 됩니다. 장소를 지리적으로 이해하기 위해서는 장소의 형성에 대한 지나친 일반화나 장소를 단편적으로 분절된 개별 개체로 인식하는 오류에서 벗어나야 합니다.

프랑스의 지리학자 폴 비달 드 라 블라슈Paul Vidal de la Blash는 이렇게 말했습니다. "인간은 지역에서 발생하는 우연적 요소들을 그들 자신의 필요에 의해 하나의 체계적인 상호 연관된 요소들로 변형시킴으로써 지역의 특성을 만들어간다. 이러한 과정에 의해 특정 지역은 다른 지역들과 구분될 수 있는 독특한 특성을 지니게 되고, 이 지역적 특성은 결국 그 지역 주민의 특성을 그대로 반영하게 된다."

이 문장의 핵심은 마지막에 있습니다. "지역적 특성은 결국 그 지역 주민들의 특성을 그대로 반영하게 된다."라는 말은 곧 '지역은 우리의 삶을 정직하게 보여주는 실체'라는 것을 의미하기 때문입니다. 결국 장소는 사람의 공간적 자화상이며, 그곳에 거주하는 주민들의 참모습이 왜곡 없이 가장 솔직하게 반영된 실체인 것입니다.

한눈에 살펴보는
지리의 역사

서구 지리의 역사

고대의 지리

지리적 사상은 고대 그리스와 로마에서 비롯되었습니다. 고대 그리스는 최초로 지리적 지식의 체계화가 이루어진 시대로 순수 학문으로서의 지리학이 발전했습니다. 그리스 시대는 장소 및 지역에 대한 인식이 체계화되고, 장소와 지역은 인간과 환경 간의 연관성이 공간적으로 구체화된 형상임을 처음으로 인식한 시기였습니다.

아낙시만드로스Anaximandros의 세계지도에서 이를 뒷받침할 근거를 찾을 수 있습니다. 그는 기원전 500년경 세계 최초로 세계지도를 그려냈습니다. 이 지도에는 아시아, 유럽, 리비야(현재의 아프리카)라는 지명이 나타나 있습니다. 그리스가 속한 유럽이 가장 크게 그려져 있음에도 불구하고, 이 세계 최초의 지도에 대륙 간의 구분이 드러나 있다는 점에서 공간에 대한 인식이 발전했다는 것을 보여줍니다.

이 세계지도가 작성된 지 300년 후인 기원전 200년경에는 에라토스테네스Eratosthenes가 지리geography라는 용어를 처음 사용했습니다. geography의 geo는 지구Earth를 뜻하며, graphy는 '쓰다writing' 혹은 '기술하다·묘사하다describing'를 의미합니다. 즉 지리학이란 '지구를 기술하는 학문'이라는 의미입니다. 고대 그리스 시대에서는 지리학이라는 용어보다 지도가 먼저 등장했습니다.

한편 그리스의 지리학자이자 역사가인 스트라본Strabon은 기원전 8년~기원후 18년경 《지리학Geography》이라는 책을 17권에 걸쳐 기술했습니다. 이 책에는 각 지역의 지리적 차이가 체계적으로 쓰여 있으며, 지지地志(지역의 다양한 현상을 기술하는 것)와 생물분포학chorology 등의 내용도 포함되어 있습니다. 하지만 《지리학》은 개별적 장소의 독특성을 강조했기 때문에 장소와 장소 간의 연관성이 간과되었다는 단점이 있습니다. 따라서 장소들을 거시적인 차원에서 지리적으로 이해하는 데는 한계가 있었습니다.

⊂⊃ 아낙시만드로스와 세계 최초의 세계지도

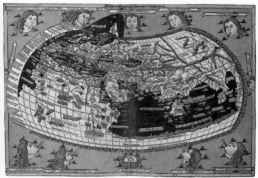

⬭ 프톨레마이오스와 그가 그린 세계지도

영어로 톨레미Ptolemy라고도 불리는 천문학자·지리학자·지도학자인 프톨레마이오스Ptolemaeus는 지리적 세계에 대한 포괄적인 지식을 강조한 《지리학 안내서Guide to Geography》를 7권에 걸쳐 집필했습니다. 이는 그리스 지리학을 집대성한 책으로 잘 알려져 있습니다. 이뿐 아니라 그는 원추도법의 지구투영법(원뿔면에 지구 겉면의 형태를 투영하여 그리는 지도법)을 이용해 경선·위선망에 근거한 4천여 개 지점의 위치를 지도에 작성했고, 이는 근대 지도의 기초가 되었습니다.

로마 시대 역시 그리스와 마찬가지로 지리학의 중요성을 강조했습니다. 하지만 그리스가 순수 학문 목적으로 지리학을 다루었던 것과는 달리 로마에서는 정복과 식민지 개척, 통치 등의 목적으로 지리학을 연구했습니다. 즉 정치·군사 목적의 지리가 상대적으로 발달한 것입니다. 그리스가 학문 자체를 중시했다면, 로마는 상당히 실용적이고 실제적인 지식을 추구했습니다.

중세의 지리

5~15세기의 중세 유럽은 기독교가 전파되고 교황 중심의 사회가 되면서 성서적 세계관을 중심으로 한 지리학이 새로운 위치를 차지했습니다. 당시에는 과학 자체가 신에 대한 도전으로 인식되던 시기였습니다. 그러다 보니 과학과 철학 등 주요 학문의 암흑기가 도래했고, 지리학 역시 학문적으로 후퇴했습니다. 당시의 'T-O지도'는 성서적 세계관에서 과학이 밀리게 된 전형적인 모습을 보여주는 지도로, 이 당시의 지리학과 세계관이 얼마나 퇴보했는지를 단적으로 보여줍니다.

T-O지도는 말 그대로 세계지도가 알파벳 T와 O 모양으로 구성되어 이름 붙은 지도입니다. 이 원형 지도 중심에는 예루살렘 Jerusalem이 놓여 있고, 동쪽Oriens을 기준으로 두어 낙원이 동부에 있다는 믿음을 나타냈습니다. 중앙의 예루살렘을 기준으로 위로는 아시아, 아래로는 유럽과 아프리카가 위치해 대륙 간 분리를 보여줍니다. 그리고 이들 대륙을 분리하는 것을 돈강, 나일강, 지중해로 보고 있으며 대륙과 강을 통합하는 것은 바다Mare, Ocean임을 나타냈습니다. 고대 그리스 로마 시대의 복잡하고 정교한 지도와 비교하면 중세 유럽의 지도는 너무나 간략합니다. 이는 지리학과 지도학, 과학의 퇴보를 상징하는 것으로 해석됩니다.

한편 고대 지리학의 전통은 기독교 지배를 받지 않는 아라비

T-O지도

아로 계승되어 중세 이슬람과 중국의 지리학이 상업과 교역을 통해 독자적으로 발전했습니다. 이 나라들은 유럽 국가와는 반대로 지리학이 번성했습니다. 당시 중국의 제도술(도면이나 도안을 그리는 기술)은 유럽을 능가했으며, 여행기와 외국의 기술이 도입되어 큰 발전을 이루었습니다. 이슬람 국가들 역시 이슬람 상인들이 국제 무역과 메카 순례 등을 떠나면서 지리적 지식을 쌓을 수 있었습니다.

15~19세기의 지리

앞서 말했듯 중세 유럽은 과학과 철학의 암흑기로서 과학을 신에 대한 도전으로 인식하는 성서적 세계관이 주를 이루었습니다. 이 상황에서 십자군 전쟁이 일어났습니다. 11~13세기까지 약 200년에 걸친 십자군 전쟁은 이슬람 세력을 타파하고 예루살렘을 탈환하고자 했던 전쟁입니다.

하지만 십자군 전쟁은 참담한 실패로 끝나고 맙니다. 긴 전쟁으로 지친 사람들은 결국 맹목적인 신앙을 거부했고, 이로 인해 유럽에서 종교의 권위는 추락했습니다. 결국 교황 중심체제에서 왕 중심체제, 더 나아가 인간 중심체제가 열리게 되었습니다.

십자군 전쟁이 끝난 후인 14세기부터 16세기까지 유럽에서는 르네상스 시대가 열렸습니다. '르네상스'라는 말은 '인간성의 부활·부흥'을 의미합니다. 다양한 예술 작품뿐만 아니라 학문에서도 인간적인 것에 관심을 돌렸습니다. 동시에 국가의 이익을 위해 탐험이 활발히 이루어지는 시기가 도래했습니다.

탐험의 시대가 열리고 포르투갈의 엔히크 왕자Infante Dom Henrique는 혁신적인 선박과 항해술 개발을 장려했습니다. 이 덕분에 포르투

⬭ 왼쪽부터 바르톨로뮤 디아스, 콜럼버스, 바스코 다 가마, 페드로 카브랄, 마젤란

같은 유럽에서 바닷길을 발견하는 데 선구자 역할을 하게 되었습니다. 그들은 15세기부터 약 150년간 목숨을 건 탐험 정신으로 아프리카에서 동아시아에 이르기까지 미지의 바닷길을 개척해 나갔습니다. 그 선두에는 앞서 언급한 엔히크 왕자가 있었습니다. 이후 그는 왕이 되었지만, 영국을 비롯한 유럽 국가들은 그가 왕자 시절에 쌓은 업적을 기려 '항해 왕자 헨리'라고 불렀습니다.

그는 항해술과 지도학을 교육하는 학교인 '사그레스 항해자 연구소'도 설립했습니다. 이 영향으로 포르투갈을 비롯한 유럽 국가들은 지리학 대탐험 시대를 열었습니다. 1488년 포르투갈의 바르톨로뮤 디아스Bartolomeu Dias는 희망봉(현 남아프리카공화국 케이프타운)에 도착했고, 1492년 제노아의 콜럼버스는 아이티(현 도미니카공화국)에 도착했습니다.

이들은 침략과 정복을 신대륙 발견과 탐험이라는 이름으로 포장했고, 이러한 행태는 한동안 지속되었습니다. 1498년 포르투갈의 바스코 다 가마Vasco da Gama는 인도에 도착했고, 1500년 포르투갈의 해군 제독인 페드로 카브랄Pedro Cabral은 포르투갈에서 브라질까지

대서양을 횡단하는 업적을 이룩했습니다. 1513년 포르투갈 선단이 중국에도 도착해 아시아와 접촉했고, 1519년 포르투갈의 마젤란 Ferdinand Magellan은 최초로 세계 일주를 한 항해가가 되었습니다.

부자 증세 문제로 러시아로 귀화했지만, 그 이전에는 프랑스의 국민배우였던 제라르 드파르디유Gerard Depardieu가 출연한 영화 〈1492 콜럼버스〉는 15세기 탐험 시대를 잘 재현한 작품입니다. 이 작품을 보면 지구는 둥글다고 확신한 콜럼버스가 서인도 제도라는 신대륙을 발견하는 장면이 나오는데, 이러한 모습에는 두 가지 엇갈린 평가가 있습니다.

위대한 탐험가라는 평가도 있지만 반대로 그가 신대륙을 발견하면서 이곳에 노예제도를 만들었고, 항체가 없던 원주민들에게 유럽 질병인 천연두를 퍼뜨려 50년 동안 수십만 명을 죽였다는 사실을 들어 부정적 평가를 내리기도 합니다. 그런 의미에서 과연 콜럼버스가 탐험가인가 침략자인가에 대한 물음은 여전히 지속되고 있습니다. 같은 맥락에서 1492년은 신대륙 발견이 시작된 시기가 아닌 식민 지배의 시작점으로 봐야 한다는 주장도 있습니다.

영화 〈1492 콜럼버스〉
(1992) 포스터

'탐험의 시대'가 의미하는 것은 크게 두 가지입니다. 첫째는 상업적 이익의 추구, 둘째는 지리 지식의 축적입니다. 즉 15~16세기의 지리학은 탐험에 의한 국가의 상업적 이익과 이에 따른 국가의 권력 확대를 추구하는 도구로

이용되었습니다. 이 과정에서 객관적인 지리 지식이 중시되어 지도 제작의 정밀성, 지역 기술의 체계성 등이 강조되었습니다.

15세기부터 시작된 탐험 시대는 17세기에도 여전히 지속되었습니다. 주로 유럽 세력에 의한 세계 탐험이 본격적으로 이루어졌고, 동시에 식민지화도 진행되었지요. 탐험에 필요한 지리 지식의 수요가 증가하면서 지리학이 급성장하는 계기가 되기도 했습니다. 이때의 지리학은 식민지주의의 확장을 위한 도구적 학문으로 전락했습니다. 이 때문에 지리학은 민족 중심주의 혹은 자민족 우월주의, 제국주의, 남성 우월주의 등의 영향을 많이 받았습니다.

특히 유럽 지역의 남미 정복 과정과 그 잔인성은 롤랑 조페 Roland Joffe 감독의 영화 〈미션〉에 잘 드러나 있습니다. 남미의 거대 폭포를 배경으로 살아가며 하나님을 믿고 기도로 저항하는 원주민들에게 칼과 총과 대포를 들이대며 폭력적으로 진입하고 정복하는 영화의 장면은 엔니오 모리코네 Ennio Morricone의 음악과 함께 깊은 여운과 눈물을 남깁니다.(79쪽 참고)

18~19세기에 유럽은 근대 시대로 진입하게 됩니다. 십자군 전쟁의 패배로 인간의 부흥, 인간성에 관심을 가진 서부 유럽은 다시금 지리학을 체계적인 학문으로 발전시키고자 했습니다. 이때부터 지리학이 정규 학문으로 정착했는데 주로 독일과 프랑스를 중심으로 발달했습니다. 이들 국가는 당시 강대국으로서 식민 개척 시대의 제국주의 국가라는 점을 주목할 필요가 있습니다.

이 시기의 유명한 지리학자로는 임마누엘 칸트 Immanuel Kant, 알렉산더 폰 훔볼트 Alexander von Humboldt, 칼 리터 Carl Ritter, 프리드리히 라첼 Friedrich Ratzel, 폴 비달 드 라 블라슈 등이 있습니다. 이들을 좀 더 자세히 들여다보겠습니다.

칸트(1724~1804)는 철학자로 가장 잘 알려져 있지만, 유명한 지리학자이기도 했습니다. 그는 1802년《자연지리학Physische Geographie》을 집필했습니다. 이 책에서 그는 자연지리가 자연과학과 일반과학을 통합하는 역할을 해야 한다고 주장했습니다. 칸트는 자연지리학 외에 상업지리학, 수리지리학, 도덕지리학, 정치지리학, 종교지리학 등 다양한 분야에 관심을 가졌습니다. 참고로 그가 관심을 두었던 정치지리학은 이후 프랑스와 영국이 제국주의 지리학을 정립하는 계기를 마련하게 됩니다.

칸트는 그가 강의를 진행하는 독일의 도시 쾨니히스베르크Königsberg를 한 번도 벗어난 적이 없는 탁상공론적인 지리학자 Armchair geographer였습니다. 따라서 구체적인 지리적 지식을 축적하는 것보다는 지리적 지식의 '본질'에 관해 연구한 학자로 알려져 있습니다. 그는 철학자였고 실질적인 답사 같은 경험적 연구 대신 책과 이론으로만 공부한 학자였으니 제법 일리 있는 평가입니다.

그런데 칸트는 아이러니하게도 지리학을 이론적 과학이라기보다는 경험적 과학으로 간주했습니다. 또한 선험적으로 인간에게 주어진 인식의 조건을 시간과 공간으로 보고, 이들 시·공간의 중요성을 각각 역사학과 지리학에서 찾았습니다. 지리학은 공간의 관점에서 현상을 기술하거나 분류하는 학문이며, 역사학은 시간의 관점에서 현상을 기술하거나 분류하는 학문이라고 주장했지요.

물론 칸트의 주장이 틀린 말은 아니지만 완벽히 맞는 말이라고 볼 수도 없습니다. 피상적으로 지리학은 공간을, 역사학은 시간을 주로 다루고 있기는 하지만 이 둘은 결코 분리할 수 있는 것이 아니기 때문입니다. 시간은 단순히 시곗바늘의 차이가 아니라 눈앞에서 펼쳐지고 소리로 감지되며 피부가 느끼는 '공간의 변화량'입니다. 공간은 시간의 살과 뼈이며, 인간에게 시간은 공간의 부피만큼 존재합니다. 심장이 열 번 뛰는 동안, 나무 몇 그루가 눈앞을 지나갔느냐가 인간이 시간을 지각하는 방법입니다. 동시에 속도는 공간을 시간에 맞춰 조직합니다. 1시간 동안 이동할 수 있는 거리는 그 안에서 펼쳐지는 사건을 바꿉니다. 사건의 누적된 변화가 곧 우리의 역사가 되는 것입니다.

그런 의미에서 속도의 변화는 개인의 역사이든, 인류 전체의 역사이든 그 흐름을 송두리째 변화시킬 수 있습니다. 칸트가 이야기한 시·공간의 중요성에는 충분히 공감하지만, 그것을 지리학과 역사학으로 이분화하려는 시각은 조금 더 고민이 필요해 보입니다.

훔볼트(1769~1859)는 이름에서도 알 수 있듯이 귀족 출신입니다.(그의 풀 네임인 '알렉산더 폰 훔볼트'에서 폰von은 귀족임을 의미합니다.) 좋은 집안에서 남부럽지 않은 삶을 편하게 살 수도 있었지만, 그는 나태하고 평화로운 삶을 택하지 않았습니다. 90년 평생을 독신으로 지내며 지리학에 관심을 가지고, 세계 여러 지역을 여행하고 얻은 지식을 기록하여 위대한 업적을 남겼습니다.

특히 1799년부터 1804년까지 당시 미지의 세계였던 남미를 여행하며 새로운 지식을 세계에 알리는 데 일조했습니다. 이외에도 기후, 해양, 산악, 식물, 지질, 지도 등 광범위한 분야에 걸쳐 해박한 지식을 남겼습니다. 그는 다양한 생물과 자연환경 간의 연관성을 연구하고, 이를 통해 인간이 자연환경에 적응하고 영향을 미치는 연관성을 설명하고자 했습니다. 이런 의미에서 보면 훔볼트를 자연지리학,

계통지리학의 창시자라고 볼 수도 있을 것입니다. 훔볼트는 지리적 지식의 증대뿐만 아니라 지리학 연구의 방법론을 수립하는 데도 크게 기여했습니다.

리터(1779~1859)는 30년 동안 베를린 대학의 지리학과 교수를 지내며 《지구과학Erdkunde》을 20권에 걸쳐 저술했습니다. 그는 신학적 목적론의 입장을 취한 학자로, 하나의 현상이 존재하기까지 다른 현상들과 어떻게 연관되어 있는지를 연구하면서 그 해답을 신학적인 목적에 두었습니다. 지구는 신이 인간을 위한 거주지로 만든 공간이라고 주장하기도 했습니다. 한편 지역지리를 서술할 때 비교방법론(지역 간의 비교를 강조하는 이론)을 주장한 전통 지역지리학의 창시자이기도 하며, 자연과 인문적 유사성을 전제로 지역을 분류하고 비교하면서 과학적 일반화를 추구했습니다. 또한 지리학을 독립적인 학문으로 발전시키는 데 크게 기여했습니다.

라첼(1844~1904)은 자연환경에 의해 인간의 공간이 변화된다는 환경결정론자로서 **사회적 다윈주의**Social Dawinism에 큰 영향을 받았습니다. 여기에서 사회적 다윈주의란 '사회적 진화론'을 가리키는 말로, 생존경쟁은 인간 사회에도 적용되어 열등한 자는 도태되고 생존에 적합한 자가 살아남기 마련이라는 이론입니다. 흔히 적자생존이라고도 불립니다.

라첼은 인류 문화를 자연의 영향에 대한 순응의 결과물로 보고 문화경관지리학의 개념을 수립했습니다. 예를 들면 환경이 좋은 곳에는 잘살고 부강한 나라의 사람(백인, 유럽)이, 반대로 환경이 나쁜 곳에는 가난한 나라의 사람(흑인, 아프리카)이 살게 된다는 원리를 내포하고 있습니다.

⬭ 왼쪽부터 칸트, 훔볼트, 리터, 라첼, 비달

　　그러나 이 주장은 당시 성공한 부르주아와 자본가들이 인종차
별주의, 파시즘, 나치즘을 옹호하는 근거로 활용되기도 했습니다. 식
민지 확대와 군사력 강화에 영향을 미쳐 인종주의를 부추기고, 사회
정치적 불평등을 정당화하며, 전쟁을 미화하는 데에도 이용되었습
니다.

　　비달(1856~1918)은 이러한 라첼의 환경결정론을 반박하며 '환경
가능론'의 기초를 제공했습니다. 즉 자연은 인간 거주의 한계를 결
정하지만 동시에 거주 가능성도 제공한다는 것으로, 인간에 의해 환
경은 얼마든지 변할 수 있다고 주장한 것이지요. 그는 주로 자연과
인문적 현상 간의 상호의존성을 탐구했습니다. 지리학의 목적은 인
간 활동으로 표출된 경관의 현상을 분류하고 그 특징을 기술하는 것
이라고 주장하기도 했습니다. 프랑스에서는 비달이 지리학 분야를
주도했다고 해도 과언이 아닙니다. 그는 지역기술적 지리학의 전통
을 수립했고, **생활양식** genre de vie의 개념을 도입했습니다. 그는 생활
양식이란 제도, 전통, 태도, 목적, 사람들의 기술 등의 복잡한 구성요
소(=문화)를 함축하고 있는 것으로 보았습니다.

현대의 지리

현대 시대에서는 칼 사우어Carl Sauer가 경관론을 강조했습니다. 그는 특히 자연적·인문적 요인들 간의 연관성에 의해 도출되는 경관의 문화적 해석을 강조했습니다. 경관을 구성하는 자연적 요소와 인문적 요소는 일방적인 관계가 아니라 상호연관성을 맺는다고 주장했지요. 따라서 사우어의 주요 관심은 이러한 연관성을 규명하고, 이 연관성이 형성한 경관을 설명하는 것이었습니다.

리처드 하트손Richard Hartshorne은 그의 책《지리학의 본질Nature Geography》에서 지리학의 학문적 특성과 본질에 대한 이해가 부족하다는 점을 비판했습니다. 그는 지리학이란 무엇인지, 그리고 지식의 한 분야로서 지리학적 특성은 어떤 것인지에 관해 고찰했습니다. 하트손은 특히 지역지리학을 강조하며 지역에 대해 더욱 체계적이고 상세한 설명이 있어야 한다고 주장했습니다.

1960년대는 지리학의 과학성에 대한 의문이 제기된 시기로 **계량혁명**quantitative revolution이 시작되었습니다. 즉 단순한 기술·서술 위

칼 사우어(왼쪽), 리처드 하트손(오른쪽)

주의 지리학에서 벗어나 통계 분석과 수학적 모델을 제시하고, 나아가 GIS나 시뮬레이션 등을 이용한 새로운 지리학이 등장한 것입니다. 이에 따라 논리실증주의적 접근 방법이 제시되었습니다. 관찰 가능한 현상들을 직접 측정하고 계량화하면서, 과학적 방법으로 제시된 가설을 검증해 일반화된 법칙과 이론을 정립하려는 시도가 이루어졌습니다.

이후 일방적인 논리실증주의적 접근 방법에 대한 비판도 제기되어 최근에는 서술, 통계, 관찰 등 여러 방법을 이용해 지리학을 다루고 있습니다. 특히 각 장소의 정체성과 다양성에 대한 관심이 고조되는 시기이기도 합니다.

우리나라의 지리사상

한국에서 지리학의 역사는 선사시대 이전으로 거슬러 올라갑니다. 3천 년 전 선사시대 사람들이 새긴 것으로 추정되는 울산광역시 언양읍 대곡리의 반구대암각화(국보 제285호)는 선사시대 언양 지역의 환경과 당시의 생활 모습을 알려주는 훌륭한 그림지도입니다. 또한 1953년 북한의 평안남도 순천군에서 발굴된 고구려 고분벽화의 〈요동성도〉는 요동성 내외의 지형, 성시城市의 구조와 시설, 도로, 성벽과 성문, 기와집과 초가, 누각 등을 붉은색·푸른색·보라색·흰색 등의 다양한 색으로 작성한 그림지도입니다. 인간이 정주 생활을 하면서부터 지도가 만들어졌는데, 아쉽게도 우리나라는 여러 차례 전쟁을 치르면서 많은 문화유산을 상실하여 조선 시대 이전 지리학의 성과들이 상당 부분 전해지지 못했습니다.

조선 시대의 지리학은 전통적으로 풍수지리, 지리지, 지도, 실학

⬭ 울산 대곡리 반구대 암각화

지리학 등의 분야에서 크게 부각되었습니다.

첫 번째, **풍수지리**는 우리나라의 샤머니즘과 결합되어 발생지인 중국보다도 유행하고 발전했습니다. 도시, 관공서, 마을, 주거지 선정 등 입지를 결정하고 경관을 형성하는 기본적인 이론으로 자리 잡았지요. 조선의 사대부들은 주자학을 숭상하며 풍수지리와 결합된 미신적 요소를 비판하고, 음양오행설을 바탕으로 인간 사회의 길흉화복을 예언하던 도참설圖讖說도 배척했습니다. 그러나 풍수지리는 도참사상과는 별개의 전통이 되어 중요한 입지 선택에 이용되는 '기술'로 바뀌었습니다. 조선 왕조가 한양으로 천도할 때 풍수지리가 큰 역할을 한 것이 대표적인 사례입니다.

유교의 기본정신인 효孝와 매장 풍습이 결합하면서 민간 차원에서 묫자리를 찾는 음택陰宅 풍수가 점점 확산되어 갔는데, 조선 후기에는 이와 관련한 폐해로 비판이 거세지기도 했습니다. 풍수지리학은 사대부에게는 폭넓은 교양으로서 익히는 잡학으로, 신분이 상대적으로 낮은 중인들에게는 이론을 배우고 연마하는 기술학으로 변모했습니다. 이처럼 풍수지리학은 사대부의 필수 교양과 덕목으로 자리 잡았으며, 공간을 이해하기 위한 전문적 기술을 습득할 수 있는 학문으로 여겨졌습니다.

두 번째, 지리지의 편찬은 조선 사회를 지배하던 성리학이라는 철학적 관점과 중세 동양 사회의 지역 연구 방법이 결합한 성과라 할 수 있습니다. 지리 사상이 반영된 지리지는 거주 지역 및 공간의 성격과 특징을 추출하고 표현한 결과물로서 지역의 실태와 구조가 잘 정리되어 있습니다. 지리지는 공간적인 범위에 따라 전국적 규모의 지지인 '여지'와 도지·군현지·촌동면지·진영지·변방지 등을 포함하는 '읍지', 그리고 편찬자의 주체에 따라 '관찬지리지'와 '사찬지리지' 등으로 나눌 수 있습니다.

대표적인 여지로는 《팔도지리지》《동국여지승람》 등이 있으며, 읍지로는 《해동읍지》가 있습니다. 대표적 관찬지리지로는 《세종실록지리지》《동국여지승람》 등이 있으며, 사찬지리지로는 유형원의 《동국여지지》, 김정호의 《대동지지》, 이준의 《상산지》 등이 있습니다.

조선 시대의 지리지들은 역사서에 포함된 부록이 아닌 독자적인 지리서로 만들어졌다는 점에서 의의가 있습니다. 기존 지리서들이 지명의 변천이나 고증에 치중한 행정 지명집, 지명 연혁집에 지나지 않았다면, 조선 시대의 지리지들은 정치·사회·경제·인물·예속·시문·행정 등 각 분야의 상세한 자료들을 모아 종합적인 정보를 수록했습니다. 덕분에 당시의 공간과 지역 사정을 이해할 수 있는 훌륭한 근거 자료가 되었지요.

세 번째, 지도입니다. 현존하는 우리나라의 단독 고지도는 모두 조선 시대 이후의 것들이라는 점에서 조선 시대의 지도가 주는 의미는 더욱 큽니다. 우리나라의 가장 오래된 단독 지도인 〈혼일강리역대국도지도〉(1402)는 조선 건국 10년 후 국가적인 관심과 지원 아래 만든 지도로, 일본부터 유럽·아프리카까지 전 세계를 종합적으로 나타낸 당대 최고 수준의 세계지도입니다.

지도 중앙에는 중국, 동쪽에는 조선과 일본, 서쪽으로는 유럽·아프리카에 이르는 구대륙 전역이 그려져 있습니다. 화이관(중화사상)에 기초하면서도 그 밖에 있는 미지의 세계에 관심을 기울이던 당시의 개방적 대외 인식을 엿볼 수 있습니다. 또한 《신증동국여지승람》(1503)에 수록된 〈팔도총도〉는 제사 의식으로 왕권의 위엄과 유교적 지배 이념을 확립하려는 의도와 밀접한 관련이 있는 지도입니다. 그래서 이 지도에는 사전祀典에 기재되어 있는 악嶽·독瀆·해海와 명산대천名山大川만이 그려져 있습니다. 오늘날 주목할 점은 이 지도에 울릉도와 우산도(지금의 독도) 등이 강조되어 있어 독도가 우리의 영토임을 보여주는 자료가 된다는 것입니다.

조선 시대 지도에서 빼놓을 수 없는 것이 고산자 김정호의 〈대동여지도〉(보물 제850-1호)일 것입니다. 이 지도의 축척은 대략 1:16만 정도로, 우리나라를 북쪽에서 남쪽으로 120리 간격으로 나누어 전체를 22층으로 만들고, 각 층은 80리 간격으로 끊어서 병풍처럼 첩으로 만들어 필요한 부분을 보거나 가지고 다니기 쉬운 형태로 제작했습니다. 표현 기법을 보면 산지를 이은 산줄기의 형태로 표현하여 전통적인 산수분합(산과 물의 구분과 결합)의 원리를 반영했고, 범례의 사용과 더불어 도로에 10리마다 표시를 해서 거리를 가늠하게 하

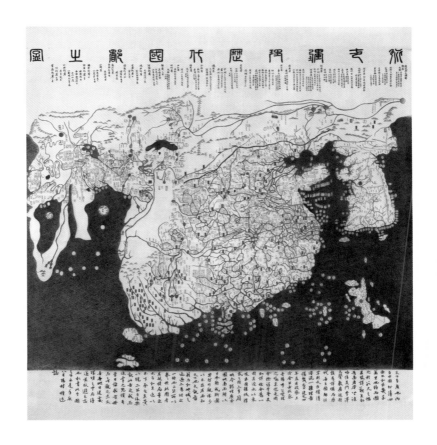

⬭ 〈혼일강리역대국도지도〉

출처: 대한민국 국가지도집 2019

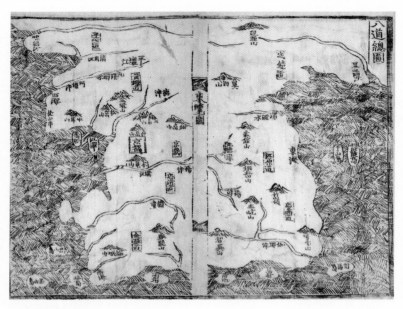

〈팔도총도〉

출처: 대한민국 국가지도집 2019

였으며, 목판본으로 제작해 지도의 보급과 대중화에도 크게 기여했습니다.

마지막으로, 실학지리학은 조선 후기에 번성한 분야입니다. 서양 세계에 대한 인식이 확대되고, 서양의 지리 지식과 지도가 도입되면서 조선의 지식인들은 종래의 세계관이나 화이관에서 탈피하게 되었습니다. 특히 실학자들은 자국 문화에 대한 전통과 가치를 재발견하고자 노력했고, 조선 자체의 역사·지리·국어 등의 분야에 깊은 관심을 갖고 탐구했습니다. 《군현제》《(동국)여지지》를 저술한 반계 유형원은 공간과 사회를 유기적으로 파악하려고 노력했으며, 여암 신경준은 종합적이고 실천적인 지리학을 구현하고자 《산수고》《강

⬭ 〈대동여지도〉

출처: 대한민국 국가지도집 2019

○ 이중환의《택리지》

계고》《군현지제》《차제책》등 많은 저술을 남겼습니다. 청담 이중환의《택리지》는 우리나라 최초의 인문지리서로, 기존의 전통적 지리지와는 달리 저자의 독자적인 주제 의식을 다뤘습니다. 진정 사대부가 살 만한 곳(이상향)을 선택하는 문제를 주제로 설정하고 전국 방방곡곡을 답사한 체험을 기술하고 있는데, 일반 서민도 쉽고 흥미롭게 전국의 사정을 파악할 수 있도록 서술되었습니다.

실학의 집대성자로 알려진 다산 정약용은《아방강역고》《아방

○ 경기도 남양주시 조안면에 위치한 다산 정약용 생가

비어고《대동수경》등의 지리서를 저술했습니다. 그중《대동수경》을 통해 압록강, 두만강, 청천강, 대동강, 예성강, 임진강 등 주요 하천을 중심으로 국토 인식을 체계화했습니다. 해강 최한기는《지구전요》에서 세계라는 공간의 파악을 위해서는 세계지리가 중요하다는 점을 알리고자 했습니다.

2장

지리를 알면 보이는

세계

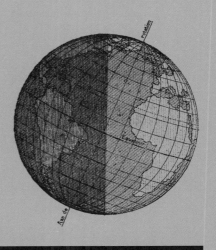

지리 관점에서 보는
세계의 역사

세계는 끊임없이 변화합니다. 이렇게 변화하는 세계를 지리적으로는 어떻게 이해하고 인식할 수 있을까요? 시시각각 변하는 **세계시스템**world system 속에서 장소와 지역에 대한 인식은 달라지고 있으며, 그 역할 역시 다양해지고 있습니다. 이번 장에서는 지리적인 측면에서 세계시스템이 형성 및 변화하는 과정을 들여다보고, 이를 바탕으로 세계정세의 흐름을 파악해 보려고 합니다.

세계시스템이란, 정치·경제적으로 경쟁 관계이거나 상호보완적인 연관성이 나타나는 국가 간의 상호의존적 구조를 의미합니다. 15세기부터 탐험과 교역이 활발해지고, 16세기에 조선술과 항해 기술이 발달하고 인적·물적 교류가 증대되면서 지역 간 정치·경제·사회적 체제가 더욱 다양화되었습니다. 17세기에는 자본주의 체제를 근간으로 하는 국가 사이에 더욱 강한 상호연계가 형성되었지요. 18세기 산업시대에 이르러서는 정치와 경제가 유럽 및 미국 중심체제로 굳어졌습니다. 그러면서 세계시스템은 문화와 경제를 근간으로 크게 핵심지역core region, 주변지역peripheral region, 준주변지역semi-peripheral region으로 구분했습니다.

핵심지역(핵심국가)은 교역을 주도하면서 대부분의 첨단 기술을 보유하고 통제하며, 다양한 경제체제를 바탕으로 높은 생산성을 도출하는 지역을 의미합니다. 소위 선진국을 가리키는 경우가 많으므로 일반적으로 핵심지역으로는 런던, 파리, 취리히, 뉴욕, 시카고, 로스앤젤레스, 도쿄 등 **세계도시** world city가 있는 서유럽, 북미, 일본 등의 국가를 꼽습니다.

이들 핵심지역은 식민지주의colonialism 아래 다른 국가를 군사·정치·경제적으로 간섭 및 착취하며 성장한 경우가 많습니다. 식민지주의란 특정 국가가 그 국가로부터 분리된 다른 사회에 정치적·법적 지배를 행사하는 것을 의미합니다. 간단히 말하면 식민지를 획득·확장·유지하려는 정책, 지배 방법 또는 그것을 지지하는 사상이 바로 식민지주의입니다.

식민지에는 자민족의 이주를 목적으로 하는 것과 이민족을 정치·경제적으로 지배하는 것을 목적으로 하는 경우로 나뉘는데 보통은 후자의 경우를 일컫습니다. 근대로 들어오면서, 특히 유럽의 자본주의는 해외 식민지를 계속 넓혀왔고 식민지를 통해 자본주의를 발전시켜 나갔습니다. 그런 의미에서 식민지의 존재 자체가 자본주의 발전의 중요한 조건이 되었다는 해석도 있습니다.

반대로 **주변지역**(주변국가)은 종속적이고 불리한 교역의 형태를 유지하고, 원시적이며 낙후된 기술을 보유한 경우가 많습니다. 후진적이거나 거의 전문화되지 못한 경제체제 아래 생산성이 낮은 지역이지요. 흔히 후진국을 의미하며, 주로 과거에 유럽이나 미국의 식민지였던 아프리카와 중남미의 많은 국가가 여기에 해당합니다.

준주변지역(준주변국가)은 말 그대로 핵심지역과 주변지역의 중간적 입장을 취하는 지역으로, 주변지역을 착취할 수 있으나 핵심지역에 착취당할 수 있는 지역을 의미합니다. 멕시코, 브라질과 같은 중남미 일부 국가와 필리핀, 베트남, 태국 등의 신흥공업국 및 중진국들이 준주변지역이라고 할 수 있습니다.

중요한 것은 어떤 국가의 지위, 즉 핵심지역인지, 주변지역인지, 준주변지역인지가 늘 변한다는 것입니다. 국가적 지위는 국내 및 국제 상황에 따라 항상 가변적입니다. 핵심지역이라고 해서 언제까지나 핵심으로 머무르는 것은 아니며, 준주변지역이라고 해서 항상 준주변지역으로 고정된 것도 아닙니다. 주변지역 역시 계속 주변지역으로 머물러 있는 것이 아니지요. 그런 의미에서 핵심지역과 준주변지역 사이에 놓여 있는 한국은 핵심지역으로 도약할 것인지, 아니면 자칫 주변지역으로 그 지위가 하락할 것인지 그 기로에 놓여 있기도 합니다.

한편, 세계시스템과 관련이 있는 다른 요소로 '지니계수'를 들여다볼 필요가 있습니다. 핵심지역과 주변지역의 논리 속에서 특정 국가가 어디에 속하는지를 파악하는 것도 중요하지만, 그 안에서 국민의 생활수준과 소득분배가 어떻게 이루어져 있는지를 파악하는 일 역시 논리에 영향을 미칠 수 있기 때문입니다.

일반적으로 국내총생산(GDP)이나 국민총소득(GNI)이 한 나라의 국력이나 국민의 생활 수준을 보여주기도 하지만, 이들 수치는 소득이 사회 각 계층에 얼마나 고루 분배되고 있는지는 제대로 보여주지 않습니다. 하지만 지니계수는 국가 간은 물론 다양한 계층 간의 소득분배를 비교할 수 있고, 국가 내에서 시간에 따른 소득분배의 변화상을 파악해 소득 불평등 정도의 변화를 알 수 있습니다.

- 1795년(18세기)의
  세계시스템

18세기에는 유럽만이
핵심지역이고, 북미 일부가
준주변지역이었다.

- 1875년(19세기)의
  세계시스템

19세기에는 유럽과 북미
일부가 핵심지역이 되었고,
남은 북미 지역과 호주가
준주변지역으로 부상하였다.

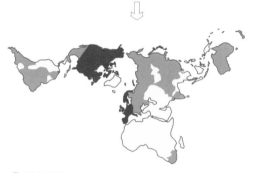

- 1995년(20세기)의
  세계시스템

20세기에는 유럽과 북미
대부분이 핵심지역이 되었고,
아시아, 러시아, 남아공, 남미
일부는 준주변지역이 되었다.
여전히 아프리카 대부분은
주변지역으로 남아 있다.

● 핵심지역
● 준주변지역
○ 주변지역

⬭ 세계시스템(핵심지역, 준주변지역, 주변지역)의 변화

지리를 알면 보이는 세계

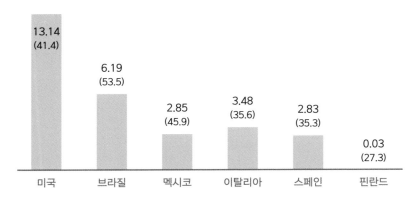

미국 13.14 (41.4)
브라질 6.19 (53.5)
멕시코 2.85 (45.9)
이탈리아 3.48 (35.6)
스페인 2.83 (35.3)
핀란드 0.03 (27.3)

주요국 코로나19 사망자 수와 지니계수
(괄호 안은 지니계수, 단위: 만 명)

출처: 세계은행, Worldometer

지니계수란 빈부 격차와 계층 간 소득의 불균형 정도를 나타내는 수치입니다. 100을 기준으로 할 때 100에 가까우면 불평등 수준이 높은 것이고, 역으로 0에 근접할수록 평등하다는 것을 의미합니다. 세계은행이 산출한 2016년~2018년의 지니계수를 보면 미국은 41.4이고 브라질과 멕시코는 각각 53.5와 45.9입니다. 핵심지역인 미국도 상대적으로 지니계수가 높은 편에 속하고, 준주변지역인 브라질과 멕시코 역시 이보다 조금 높은 지니계수를 보여 불평등한 국가로 분류됩니다.

지니계수는 전 세계적으로 유행한 바이러스인 코로나19와도 무관하지 않은 것으로 분석됩니다. 즉 지니계수를 국가의 인구수 대비 코로나 사망자 수와 비교하면 불평등이 초래한 결과가 반영되고 있다는 뜻입니다. 코로나19가 한창 유행하던 2020년 기준 미국, 브라질, 멕시코 등 3개국이 전 세계 인구에서 차지하는 비중은 8.6%에 불과하지만, 코로나19 사망자는 전체의 약 42%로 나타났습니다. 많은 학자가 이러한 결과의 원인으로 소득과 부의 불평등을 지적합니다. 지니계수가 높은 국가, 즉 불평등이 심한 국가일수록 코로나19 사망자가 높다는 것입니다.

마찬가지로 유럽에서 코로나19 사망자의 60%를 차지하는 영국(지니계수 34.8), 스페인(35.3), 이탈리아(35.6)도 핀란드(27.3) 등에 비하면 상대적으로 불평등한 사회로 분류되는데, 실제로 이들 국가에서는 코로나19 사망률도 높게 나타났습니다.

지니계수로 알 수 있는 것처럼, 상대적으로 불평등이 심한 국가는 사회통합과 공공 신뢰가 약하고 정치적 극단화가 일어나기 쉽습니다. 비록 핵심지역의 위치에 있더라도 이러한 불평등은 정부가 위기에 제대로 대응하지 못하는 원인이 되기 때문에 세계시스템에서 사회적 불평등의 관점도 배제하지 말고 함께 들여다볼 필요가 있습니다.

개인의 시점으로 보면, 소득이 적은 근로자일수록 감염 위험을 무릅쓰고 일을 하거나 복작거리며 살아야 하는 환경에 노출될 가능성이 커서 코로나19로 인한 사망에 더 취약하다는 점도 알아야 합니다. 결국 소득 불평등은 사회적 재앙으로 이어질 가능성을 내포하고 있습니다.

역사를 구조화하는
지리의 힘

미니시스템과 고대도시의 탄생

세계시스템을 적용하기에 앞서, 세계적 배경이 인류의 진화부터 현재에 이르기까지 어떤 과정을 거쳐 변화해 왔는지를 간단히 살펴보겠습니다. 인류 최초의 직립 보행자였던 오스트랄로피테쿠스는 주로 나무 열매를 따 먹고 살며 채집 생활을 했습니다. 그러나 지구의 기후와 환경이 변화하자 건조기후인 곳에서는 채집으로만 생활을 유지하기가 어려워졌습니다.

뒤를 이은 호모 하빌리스는 나무에서 내려와 수렵 생활을 해야 했습니다. 호모 하빌리스의 손이 유인원과 거의 비슷했다는 사실로 미루어 보면, 이들은 자주 나무에 올라가 휴식을 취하거나 채식을 겸했던 것으로 추정됩니다. 이처럼 채집과 수렵을 위주로 하던 선사시대의 **미니시스템**mini-system 안에서 인류는 채식과 육식을 병행하는 잡식성이 되었습니다. 미니시스템이란 단일 문화를 바탕으로 물물교환 경제체제를 유지하는 사회를 의미합니다. 한편, 수렵 생활은 남자와 여자의 역할이 달라지는 계기가 되었을 뿐만 아니라 유인원의 인류화를 촉진하는 결과를 낳았습니다.

채집 경제에서 수렵 경제로의 이행이 주는 의미는 다음과 같습니다. 손재주의 향상과 무기 제조, 가족 단위의 집단 구성, 협동의 필요성, 피부 털의 사라짐(무모화), 언어의 발달 촉진, 나아가 공간개념의 발달, 지능 향상, 치밀한 계획 수립과 수렵 능력 향상, 남녀 분업에 따른 식량 분배 체계의 정립 등이 있습니다.

더불어 수렵에 의한 육류(고단백) 섭취는 인구 증가로 이어져 인류화를 촉진하는 계기가 되었습니다. 육류를 섭취하기 위해 음식물을 굽거나 익혀서 먹는 방법을 터득했고, 불로 음식물을 가공하는 일은 물론 토기까지 제작할 수 있게 되었습니다. 불의 사용과 도구

● 오스트랄로 　피테쿠스	● 호모 하빌리스	● 호모 에렉투스	● 호모 사피엔스	● 호모 사피엔스 　사피엔스
– 남쪽의 민꼬리 　원숭이 – 약 500만 년 　~100만 년 전 – 뇌 용량 　380~450cc – 평균 수명 12년 – 8~9세 출산 – 아프리카에만 　서식	– 손 쓴 사람 – 약 250만 년 　~170만 년 전 – 뇌 용량 　530~800cc – 뇌가 크고 　이가 작음 – 아프리카에만 　서식	– 곧게 선 사람 – 약 160만 년 　~20만 년 전 – 뇌 용량 　900~1,100cc – 불을 사용 – 똑바로 걸음	– 슬기 사람 – 약 40만 년 전 – 뇌 용량 　1,300~1,600cc – 언어 사용 – 네안데르탈인	– 슬기 슬기 사람 – 약 30만 년~ – 뇌 용량 　1,350cc – 현재의 인류 – 크로마뇽인 – 인종이 나타남

▱ 인류의 진화 과정

제작 기술은 오스트랄로피테쿠스부터 시작되어 오늘날까지 지속적으로 발달해 왔습니다. 따라서 식량 채집과 사냥 기술은 약 100만 년 전부터 50만 년 전까지 장기간에 걸쳐 꾸준히 개선되어 온 경험 축적의 결과로 볼 수 있을 것입니다.

인류 생존의 문제가 해결된 가장 획기적인 변곡점은 식물의 작물화plantation와 동물의 가축화domestication입니다. 수렵 대상인 동물이 점점 감소하자 가축화는 더욱 가속되었습니다. 비록 가축화가 지구환경을 파괴하는 결과를 낳기도 했지만요. 동시에 인류는 증가하는 인구에 대처하기 위해 경작법을 터득하게 되었습니다.

이와 같은 채집·수렵 경제에서 농업 경제로의 경제구조 변화, 그리고 이동 생활에서 정착 생활로 주거 형태의 변화가 일어난 시점은 신석기시대입니다. 즉 노동 활동과 사회조직에 큰 변화가 있던 시기입니다. 기존의 수렵 활동을 영위하기 위해서는 10명 내외의 성인 남자만 있으면 가능했으므로 약 15세대 규모의 작은 취락이 형성되었으나, 농업 활동은 더 많은 인구가 필요했으므로 취락의 규모가 커지게 되었습니다.

당시에는 한 취락이 자체 인구의 출산력을 높이고, 근처 지역에 인구 흡인력을 발휘하려면 **잉여생산물** surplus products이 전제되어야 했습니다. 이에 따라 고대사회에는 주민 간의 협력, 공동 노동력의 이용, 식량의 생산과 저장, 잉여상품의 교환 등 개개인의 사회적 역할이 전문화되었습니다.

이처럼 새로운 사회·경제적 관계가 발달하면서 한정된 장소에 더 많은 사람이 거주할 수 있게 되었는데, 이러한 현상을 **규모의 경제** economy of scale가 작용했다고 말합니다. 주민들이 더 많은 잉여식량을 생산하자 그들의 잉여분을 다른 상품과 교환할 수 있었고, 이를 관리하는 계급이 형성되었습니다. 따라서 지배계급, 상인계급, 농민계급과 같은 사회계층이 분화되었지요. 생산지와 취락 간 또는 다른 취락 간의 교통로가 만들어졌고, 각 사회계층의 주택과 창고, 왕궁, 신전, 성곽, 상점 등의 시설도 건설되면서 도시가 형성되기에 이르렀습니다.

이 일련의 변화를 '신석기 혁명' 혹은 '농업혁명'이라고 부르며, 이 혁명은 곧 **도시혁명**urban revolution 으로 이어졌습니다. 첫 도시의 출현은 신석기시대인 기원전 3500년경으로 추정되는데 주요 발생 지역은 티그리스강과 유프라테스강 유역, 나일강 유역, 인더스강 유역, 중국의 황허강 유역, 중남미 안데스 지역 등입니다.

먼저, 티그리스Tigris강과 유프라테스Euphrates강 유역은 메소포타미아 문명이 일어난 곳으로 '퍼타일 크레슨트Fertile Crescent'라 명명되었습니다. 메소포타미아는 그리스어로 '강 사이의 땅'이라는 뜻입니다. 현재의 이라크에서 시리아와 레바논을 거쳐 이스라엘과 이집트에 이르는 지대로, 초승달 모양의 비옥한 지역이기 때문에 간혹 '비옥한 초승달' 또는 '초승달 지대'로 번역되기도 합니다. 그러나 'Fertile Crescent'가 특정 지명을 뜻하는 고유명사에 해당하므로 원문 그대로 쓰는 것이 바람직합니다.

이 지대는 주변 지역에 비해 수목이 잘 생장하는 비옥한 지역이라 빠른 시기에 잉여생산을 달성할 수 있었습니다. 이 일대의 주민들은 채집과 사냥을 하던 동식물의 서식 범위를 알아내면서 점차 작물화와 가축화를 시작했습니다. 그리고 겨울과 봄에 내리는 비 덕분에 밀과 보리 등의 작물과 개, 양, 염소, 돼지, 소, 말, 낙타 등의 가축

● 건조지대　◌ 고대 문명　— 보리 경작의 전파　··· 쌀 경작의 전파

◯ 주요 고대 문명 발상지와 도시들

에 관해 많은 지식을 축적할 수 있었지요. 이처럼 퍼타일 크레슨트 지대의 농업혁명은 잉여식량을 낳았고 고대도시의 성립 조건을 만들어주었습니다.

한편, 사하라 주변이 기후변동으로 사막화되자 이곳의 정착민들은 물이 있는 곳으로 이동했습니다. 이들을 받아들인 나일강 유역의 기존 주민들은 식량을 증산하기 위해 관개 기술을 개발하거나 유입민을 노예화하는 방식으로 잉여식량을 창출하여 도시를 이루었습니다. 인더스강 유역 역시 마찬가지로 잉여식량을 창출할 수 있었습니다. 메소포타미아 문명지대 외에 중국에서도 황허 유역을 중심으로 농업혁명이 일어났으며, 중남미 안데스 지역, 즉 아메리카의 신대륙에서도 농업혁명이 독자적으로 발생했습니다.

이처럼 하천 유역의 농업혁명은 인류가 주어진 환경 속에서 생활하는 데 알맞은 기술을 만들고 적용하면서 일어났습니다. 이러한 인류문화의 발달, 즉 인구 증가, 문화 수준의 향상, 과학기술의 발달, 문명의 발달 등은 결국 고대문명의 발상지와 고대도시의 발상지가 일치하는 결과를 낳았습니다. 따라서 인류의 문명은 '도시'에서 비롯된 것으로 볼 수 있습니다.

이들 지역에서 초기 도시의 모습을 확인할 수 있습니다. 메소포타미아 문명의 우르, 바빌론, 나일강 유역의 멤피스, 텔 엘 아마르나, 테베, 인더스강 유역의 모헨조다로, 하라파, 황허 유역의 안양, 청초우, 중앙아메리카와 메소아메리카의 테오티우아칸, 티칼, 마야판 등이 그 예입니다. 초기 도시가 발생할 수 있었던 주요한 이유는 **농업 산물의 잉여 발생**입니다.

최초로 잉여식량이 확보된 곳은 서남아시아의 메소포타미아에 위치한 퍼타일 크레슨트 지대입니다. 이곳에 인류 최초의 도시가 등장한 이유는 이곳이 구대륙의 지리적 중심부에 해당하는 곳이며, 아프리카·유럽·아시아의 문화가 교차하는 등 접근성이 좋은 곳이었기 때문입니다.

농업 산물의 잉여 발생으로 직접 농업적 생산에 종사하지 않는 전문화된 인력이 생겨날 수 있었고, 비농업 인력은 생산, 유통, 행정 등 다른 분야에 종사하면서 도시의 기능이 확장될 수 있었습니다.

더불어 인구 증가는 자원(특히 식량)과 부양 가능 인구의 불균형을 초래했습니다. 이에 따라 경쟁력에 밀린 일부 인구가 변방 지역으로 이주하게 되었습니다. 변방 지역은 보통 농업에 적합하지 않았으므로 이곳으로 이주한 인구는 새로운 기술, 곡물의 생산 및 저장 방법, 새로운 경제체제 등을 개발해야 했습니다. 새로운 사회경제적 체제를 세운 변방 지역에는 다시 새로운 인구가 모여들었고, 나아가

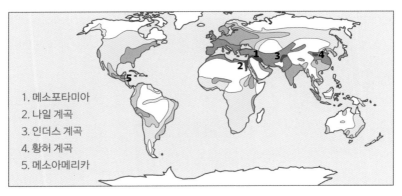

1. 메소포타미아
2. 나일 계곡
3. 인더스 계곡
4. 황허 계곡
5. 메소아메리카

● 도시를 포함한 지역
● 기원전 1500년　● 기원후 100년　● 1500년　● 1850년

도시의 확산 과정: 도시는 기원지로부터 농업기술과 교통, 군사에 의해 확산되었다.

전체 인류의 인구 증가라는 결과를 낳았습니다.

　도시인구가 증가하면서 사회조직에도 변화가 나타났습니다. 사회적 지배계급이 탄생하면서 지배계급에 의한 도시화가 가속되었고, 지배계급은 권력을 과시하는 수단으로 그들의 부를 이용해 궁전, 경기장 등 대규모 건물과 상징물들을 건설했습니다. 이것들이 고대도시가 성장하는 데 필요한 물리적인 기반을 제공했지요.

　한편 비농업 노동 인력의 전문화가 촉진되면서 도시 기능이 향상되었고, 1000년경에는 도시를 기반으로 한 **세계제국**world empire들이 등장하여 주요 문명 발생지를 중심으로 도시가 확산되었습니다. 하지만 이러한 세계제국들은 이후 전쟁이나 질병으로 인해 인구가 급격히 감소하면서 몰락하고 말았습니다.

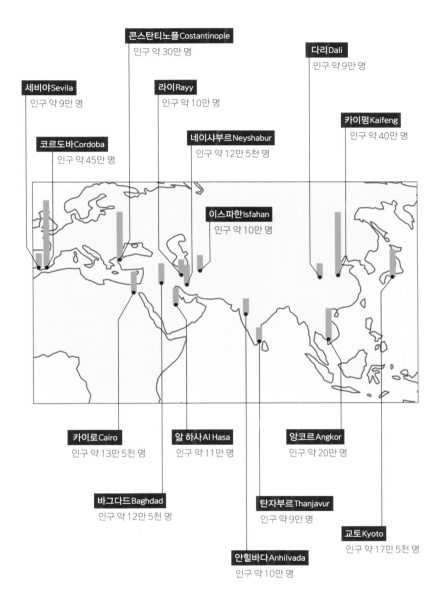

콘스탄티노플Costantinople
인구 약 30만 명

다리Dali
인구 약 9만 명

세비야Sevila
인구 약 9만 명

라이Rayy
인구 약 10만 명

카이펑Kaifeng
인구 약 40만 명

코르도바Cordoba
인구 약 45만 명

네이샤부르Neyshabur
인구 약 12만 5천 명

이스파한Isfahan
인구 약 10만 명

카이로Cairo
인구 약 13만 5천 명

알 하사Al Hasa
인구 약 11만 명

앙코르Angkor
인구 약 20만 명

바그다드Baghdad
인구 약 12만 5천 명

탄자부르Thanjavur
인구 약 9만 명

교토Kyoto
인구 약 17만 5천 명

안힐바다Anhilvada
인구 약 10만 명

기원후 1000년 시기의 주요 도시와 인구

세계제국은 어떻게 등장했는가?

이후 **초기 세계제국**들이 등장했습니다. 이들 초기 제국은 현대의 **제국주의** imperialism와는 다른 개념으로, 각자의 본질적인 문화 차이는 그대로 유지하면서 공동의 정치체제 아래 통합된 미니시스템 집단으로 볼 수 있습니다. 초기 제국은 농업혁명에 의한 높은 인구밀도, 사회조직의 변화, 수공업 제품의 생산, 교역 증대 등이 원인이 되어 탄생했습니다.

초기 제국의 사회적 경제체제는 공물에 의한 부의 재분배 형태를 띱니다. 즉 세금이나 공물의 형태로 생산자 계층에게 거둔 돈을 정치, 종교, 군사 엘리트 계층이 전유하는 형태였습니다. 이 시기의 대표적인 세계제국으로는 이집트, 그리스, 중국, 로마 등을 들 수 있습니다.

초기 세계제국의 탄생은 세계의 지리에 큰 영향을 미쳤습니다. 첫째는 **도시화**입니다. 현대적 의미에서 도시화란 인간과 장소가 서로에게 영향을 미쳐 변화하는 과정입니다. 공간적 측면에서는 인간의 정주 규모가 증가하고, 경제적 측면에서는 비농업 활동이 우세해지고, 인구 측면에서는 인간의 구조적 특성이 변화하며, 문화적 측면에서는 비도시 지역으로 도시적 생활양식이 파급되는 과정을 포함합니다.

현대 도시에서 도시화를 불러오는 가장 큰 변수는 도시의 경제적 성장과 도시로의 인구 이동이지만, 고대와 중세의 도시는 그보다 행정·군사·종교가 더 큰 변수였습니다. 따라서 초기 세계제국은 대제국을 관리하고 통치하기 위해 주요 고위 관료층을 필두로 정치·행정·군사·종교·경제의 중심적 기능을 수행할 중심지를 건설했습

초기 제국주의에 대한 로망과 관심이 반영된 영화 〈클레오파트라〉 〈벤허〉 〈로마제국의 멸망〉 〈쿼바디스〉 〈징기스칸〉 〈알렉산더〉의 포스터

니다. 이 중심지는 도시화의 기반이 되어 도시화 형성에 큰 영향을 주었습니다.

두 번째는 **식민지화**입니다. **수확체감의 법칙** law of diminishing returns이란 한정된 자원에 자본과 노동을 지속적으로 투입하는 경우, 일정 단계가 지나면 오히려 생산성이 감소한다는 이론입니다. 이 이론은 초기 제국에도 적용되었습니다. 수확체감의 법칙으로 점차 생산성이 하락하면서, 인구를 부양하고 노동 공간을 더 확보해야 했던 제국들은 식민지를 개척해 영토를 확장하고자 했습니다. 이 선택으로 초기 제국들은 세계의 식민지화에 적잖은 영향을 미치게 되었습니다.

식민지화를 통해 중심지와 식민지 간에는 지배·종속 관계가 형성되었고, 이와 함께 취락지settlement 간의 계층 구조도 유발했습니다. 즉 도시 내에서도 신분에 따라 거주지가 차등화되는 모습이 생긴 것입니다. 로마의 **인술라**insula 거주 지역이 대표적인 예입니다. 도시가 커지고 인구가 급증하자, 부유층들은 그들의 단독주택인 도무스domus를 가난한 사람들을 위한 공동주택으로 개조해서 인술라를 만들었습니다.

인술라는 입주민이 집을 소유할 수 없는 임대 전용 주택으로 약 5층 높이의 건물입니다. 인술라 소유주들은 여기에 그치지 않고 더 많은 돈을 벌기 위해 인술라를 8~10층까지 올렸고, 그 과정에서 부실과 날림 공사가 자행되었습니다. 이로 인해 이곳 인술라 지대는 사고, 노상방뇨, 화재가 일상처럼 일어나는 등 거주환경이 열악한 지역으로 인식되었습니다. 이처럼 취락지 간의 경제적 계층성은 거주지를 차별화했고, 특히 인술라 지대는 대중으로부터 외면받는 로마의 대표적인 슬럼가로 자리 잡았습니다.

초기 제국들의 식민지화 과정에서 교통망이 개선되기도 했습니다. 초기 세계제국이 성장하면서 중심지에서 식민지로 가는 교통망 건설과 개조가 이루어졌기 때문입니다. "모든 길은 로마로 통한다!"라는 말을 한 번쯤 들어봤을 것입니다. 이 말에는 두 가지 의미가 있습니다. 하나는 '어디를 가든 로마의 땅'일 만큼 거대한 영토를 지녔다는 것을 의미하며, 또 다른 하나는 과거 로마제국이 그 어떤 것보다도 교통망 건설에 힘을 쏟았다는 것을 의미하지요.

● 도로

● 분수

● 아케이드

⬭ 로마의 대표적인 공공시설들

로마제국은 도로망을 구축하면서 공공시설로 분수와 **아케이드**(아치형 공간)를 함께 설치해 권력을 다졌습니다. 지금도 로마를 가면 당시 로마의 모습이 짐작되는 크고 작은 분수들과 아케이드를 찾아볼 수 있습니다. 이 분수들은 원래 생활용수와 식수로 쓰였습니다. 로마는 식민지를 점령하면 가장 먼저 분수를 설치해서 피정복민에게 식수를 제공하는 시혜를 베풀며 제국의 힘을 자랑했습니다.

수원水源이 없어 분수 설치가 어려울 때는 수도교를 건설해 다른 곳에서 물을 끌어와 공급했습니다. 또한 로마 시내에 지어지는 건물에는 1층 부분에 아케이드 설치를 의무화해서 시민들이 악천후에도 비를 맞지 않고 도시를 다닐 수 있게 했습니다. 로마제국은 도시민에게 제법 자애로운 손길을 내밀어 권력을 강화하는 방법을 선택한 셈입니다.

이렇게 초기 세계제국이 세계의 지리에 미친 영향은 어마어마합니다. 그래서일까요? 초기 세계제국을 다룬 영화들은 대제국의 로망으로 자리 잡아 지금까지도 우리에게 시각적 자극과 환상적 요소, 제국의 스케일을 느낄 수 있게 합니다. 이런 영화나 예술 작품들을 보면 비록 지금은 사라졌지만 영광스러웠던 초기 세계제국이 얼마나 큰 권력과 문화를 가졌는지 다시금 느끼고, 그들이 남긴 영향력이 현재까지도 이어지고 있음을 깨닫습니다.

유럽, 세계의 중심이 되다

16세기로 들어와서는 유럽을 중심으로 하는 상업적 자본주의 중심으로 세계가 재편되고, 유럽인들의 해외 진출이 본격화되었습니다. 특히 스페인과 포르투갈의 남미 식민지화, 그리고 영국과 프랑스의 아프리카 식민지화가 본격화되는 시기입니다.

앞서 언급했듯이 유럽은 바르톨로뮤 디아스, 콜럼버스, 바스코 다 가마, 페드로 카브랄, 마젤란, 제임스 쿡 등을 필두로 항해로를 개척했습니다. 급속히 증가하는 인구에 비해 경작이 가능한 농토가 부족해지면서 유럽은 안정적인 식량 공급원이 필요했습니다. 더불어 상속법이 개정되면서 많은 귀족이 몰락했고, 이들이 새롭게 부를 축적하기 위해 탐험에 나서면서 식민지 개척이 본격화되었습니다. 조선, 항해, 무기 제조 등의 기술 발달도 항해로 개척에 힘을 보탰지요. 이러한 과정을 거쳐 유럽을 중심으로 한 대자본이 축적되었고, 중심지의 기능이 강화되면서 주변지역은 그에 종속되는 현상이 확산되어 갔습니다.

유럽 중심의 세계가 체계화되고, 지리는 탐험 과정에서 점차 식민정책의 도구로 전락했습니다. 주변지역은 자신들의 영토를 유럽에 빼앗기고 노동력까지 착취당했습니다. 경제·정치·군사적으로 강하게 종속되었음은 물론입니다. 영화 〈미션〉(1986)은 이러한 과정을 잘 보여주는 작품입니다. 이 영화는 당시 유럽의 핵심지역이었던 스

영화 〈미션〉에 묘사된 과라니족과 가브리엘 신부의 만남, 유럽의 무력 진출, 과라니족의 신앙적 저항

페인과 포르투갈에 남미 과라니족이 잠식당하는 식민지화 과정을 잘 묘사하고 있습니다.

처음에는 과라니족에게 선교라는 선한 의도로 유럽의 종교와 문명을 전파했지만, 점차 스페인과 포르투갈 등 유럽 열강의 이해관계에 놓이게 되면서 그들의 교역 체계는 붕괴되었습니다. 영화는 유럽의 총과 대포 공격을 받고 찬송과 기도, 그리고 화살로 대응하던 과라니족 원주민들이 폭력적으로 말살되는 과정을 생생하게 그리고 있습니다.

이 영화에 나오는 것처럼 새로운 세계지리가 형성되는 과정, 즉 핵심지역의 성장이 주변지역의 지리적 변화를 일으키는 과정을 보면 과연 원주민(영화 속에서는 과라니족)에게 선교를 통한 하나님 말씀과 발전된 문명의 전파가 진정 필요했던 것일까를 자문하게 됩니다. 아울러 영화에 자주 등장했던 "God is Love!(신은 사랑이다!)"라는 대사를 곱씹으며 '신은 과연 사랑의 편일까, 아니면 힘의 편일까?'에 대한 고민이 깊어지기도 합니다.

산업화와 지리적 변화 1: 산업혁명이 키워낸 핵심지역

18세기에 **산업혁명**이 전개되면서 세계는 이제까지와는 전혀 다른 새로운 면모를 드러냅니다. 산업혁명은 일반적으로 영국에서 시작된 사회경제적 변화와 기술 혁신, 이에 영향을 받아 크게 변한 인류 문명의 총체를 의미합니다. 산업혁명이 일어나면서 생산과 교통 기술이 혁신적으로 발달했고, 유럽 중심의 자본주의 경제체제가 확산되면서 자본 역시 더욱 유럽 중심으로 축적되었습니다. 이에 식민지 확장에 의한 제국주의가 전 세계로 퍼져나갔습니다. 산업혁명이

⬭ 731부대의 흔적(왼쪽), 영화 〈마루타〉(1988)의 한 장면(오른쪽)

일으킨 산업화는 당시 핵심지역인 유럽의 인문지리를 완전히 재조직화했으며, 미국과 일본이 세계시스템의 핵심지역으로 부상하는 계기가 되기도 했습니다.

특히 일본은 한국과 중국을 식민지화하면서 제국주의 노선을 강화했습니다. 만주 하얼빈의 731부대에서는 중국과 한국 등지에서 끌려온 사람들에게 마루타(인간 통나무)라는 이름을 붙여 이들을 대상으로 극악무도한 생체실험을 가했습니다. 이러한 역사적 사실은 단순한 공간적 지배를 넘어 식민화된 국민의 인간성마저도 착취한 사례로 볼 수 있습니다. 일본군이 없어지면서 731부대의 건물은 대부분 사라졌지만, 부대의 보일러실과 마루타를 실어 나르던 철로의 흔적이 지금도 남아 있습니다.

산업혁명 이후 핵심지역은 영국과 미국을 중심으로 내부적인 변화 과정을 거치게 됩니다. 특히 교통의 변화가 두드러지는데 운하, 증기선과 철도, 자동차 등이 이에 속합니다.

배가 출입할 수 있도록 사람들이 만들어 놓은 수로를 운하라고 합니다. 핵심지역들은 대규모 운송에 필요한 운하를 건설하고자 했고, 이를 건설할 수 있는 자본도 충분했습니다. 따라서 영국과 미국 등을 중심으로 대규모 운하가 속속 건설되었습니다. 운하가 건설되자 핵심지역 내부의 공업지역과 대도시 간의 연계성은 더욱 강화되었습니다. 특히 미국의 오대호 연안 제조업 공업지대The Manufacturing Belt가 운하 건설로 성장한 대표적인 지역입니다. 펜실베이니아, 오하이오, 미시간, 위스콘신, 일리노이, 인디애나, 웨스트버지니아 등이 있지요.

하지만 1960년대 이후 미국 제조업은 기술 개발에 소홀했고 경쟁력이 약화되었습니다. 일본·대만·한국·중국 등 아시아 국가들이 미국 시장에 진출하자 제조업 공업지대를 포함한 미국 전역의 제조업 중 상당 부분이 외국 기업으로 넘어갔습니다. 그 결과 오대호 연

오대호 연안 지역에 건설된 운하들

위성사진과 지도로 본 미국의 오대호 연안 제조업 공업지대(현재의 러스트 벨트)

안 제조업 벨트 지역의 고용이 크게 축소되었고 수많은 실업자들이 생겨났습니다. 현재는 이곳을 **러스트 벨트** Rust Belt, 즉 '녹슨 지대'라고 부릅니다.

　운하의 발달과 함께, 1800년대 초 미국에서 최초로 석탄으로 불을 태워 그 증기의 힘으로 엔진을 움직이는 배인 증기선이 이용되었습니다. 특히 1830년에서 1850년 사이 증기선은 전성기를 구가했습니다.

　우리에겐 필명으로 더 잘 알려진 마크 트웨인Mark Twain(본명은 사무엘 클레멘스Samuel Clemens)이 쓴《톰 소여의 모험》《미시시피강의 추억》《허클베리 핀의 모험》등의 작품은 미시시피Mississippi강을 배경으로 합니다. 이 작품들에는 미시시피강에서 증기선이 움직이는 장면이나 이야기가 자주 등장합니다. 당시 증기선 운항의 중심지였던 미시시피강에서 그가 직접 증기선 조타수를 했던 생활과 경험이 뒷받침되었기 때문입니다.

　일반적으로 이 시기의 미국 작가들은 영국인을 흉내 내어 우아한 미사여구를 사용해 감상적이거나 과시욕이 강한 글을 쓰고자 했

⬭ 애니메이션 〈톰 소여의 모험〉(1980)과 미국 우표에 등장하는 미시시피강, 증기선

습니다. 그러나 마크 트웨인은 자신이 미시시피강에서 겪은 경험을 바탕으로, 힘 있고 사실적인 미국 영어 구어체를 사용하여 '미국적 목소리'의 새로운 방향을 제시한 것으로도 유명합니다. 마크 트웨인 이라는 필명 역시 보트가 안전하게 지나가기 위해 필요한 깊이인 2 패덤(2fathom=twain=약 3.66m)을 의미합니다. 그만큼 미시시피강이라 는 장소에 담긴 애착과 함께 배를 안전한 곳으로 돌려야 하는 조타 수로서의 사명감과 책임감이 미국적 정신과 자존감으로 승화된 경 우라고 추측할 수 있습니다.

미시시피강은 마크 트웨인을 비롯해 진취력과 목적 의식이 분 명한 모험심 강한 미국인에게 특별한 장소였습니다. 그만큼 주변 도 시에도 커다란 영향을 미쳤지요. 미시시피강 근처에 있던 뉴올리언 스, 세인트루이스, 신시내티 등이 증기선의 운항으로 발전한 대표적 인 도시입니다.

한편 1769년 제임스 와트James Watt가 증기기관차를 발명한 이후 1825년 영국에서는 철도가 최초로 개설되었습니다. 증기선이 미시

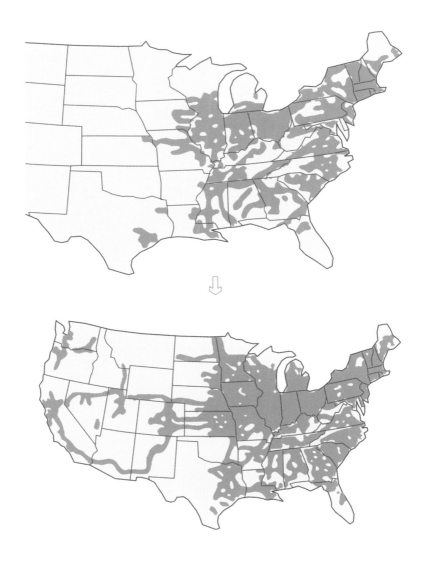

 미국의 철도 교통 영향권 변화: 1860년대(위) → 1880년대(아래)

시피강 주변 도시의 발달을 가속화하고 지역 발전에 영향을 미친 것처럼, 철도 역시 1860년대부터 미국 내륙 지역의 발전에 크게 기여했습니다. 철도는 중심지역 간은 물론 중심지역과 주변지역 간의 연계를 더욱 강화했고, 시카고가 철도 교통의 중심지로 부상했습니다.

영국 역시 세계에서 가장 먼저 철도가 개통된 나라인 만큼 미국과 함께 최고의 철도기술력을 보유하고 있었습니다. 따라서 철도를 통한 영국의 산업혁명도 더욱 활발히 이루어졌습니다. 영국의 철도는 철도망이 잘 구축되어 있기로 유명한데, 지금도 철도가 영국 전역 구석구석을 연결하고 있습니다. 기존 철도를 유지하면서 고속화도 병행하고 있기 때문에 현재도 매우 중요한 교통수단이지요. 유로터널을 구축해서 유럽 대륙과도 연계한 만큼 영국에서부터 유럽 대륙의 지방 소도시까지 철도만으로 이동할 수 있습니다.

20세기 초로 들어와서는 내연기관, 즉 자동차가 발달하면서 트랙터를 이용한 경작지의 확대로 노동 생산성이 높아졌습니다. 농업의 기계화로 인해 농촌의 잉여 농업 노동력은 도시 공업 노동력으로 전환되었습니다. 트럭이 상용화되면서 공장 입지는 과거 철도와 운

⬭ 유로스타와 영국의 세인트 판크라스 역

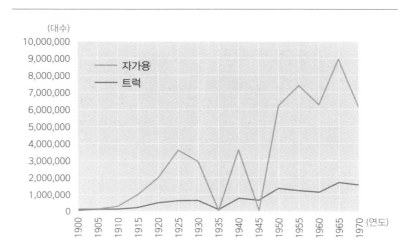

(대수)

10,000,000
9,000,000
8,000,000
7,000,000
6,000,000
5,000,000
4,000,000
3,000,000
2,000,000
1,000,000
0

자가용
트럭

1900 1905 1910 1915 1920 1925 1930 1935 1940 1945 1950 1955 1960 1965 1970 (연도)

⬭ 20세기 초 미국의 자가용과 트럭의 수요 증대

하 및 하천 주변에 한정되던 경향에서 탈피했고, 트럭 운송비가 절
감되어 공장 입지 역시 시 외곽의 지가가 저렴한 지역이나 노동비용
이 저렴한 지역으로 이전되었습니다. 공장 입지가 주변부로 이동하
면서 시장권은 더욱 넓어졌지요. 이러한 교통의 변화는 도로의 건설
과 자가용 이용으로 이어졌습니다.

1908년 헨리 포드Henry Ford가 생산한 서민적인 대중 자동차 '모
델 T Model T'의 개발이 대표적인 사례입니다. 당시 상대적으로 부유
층을 위한 자동차였던 캐딜락Cadillac과는 달리 모델 T는 트랙터로도
개조가 가능해 일반 가정에서 효율적으로 쓸 수 있게 고안한 자동차
였습니다. 이후 19년 동안 대량생산되어 1천6백만 대 이상 팔렸습
니다. 모델 T의 폭발적인 인기와 대중성은 고속도로 증설에 영향을
미치기도 했습니다.

⟨ 'Model T'의 대중성: 트랙터로 개조한 모습(왼쪽), 초기 대량생산 조립라인이 도입
되어 생산된 자동차(오른쪽)

이러한 핵심지역의 교통체계 발달은 지역 간의 공간적 연계성
을 높였고, 동시에 거주지의 범위도 확장시켜 **공간적 재조직화**spatial
reorganization를 촉진했습니다. 즉 교통의 발전으로 핵심지역의 내부적
변화가 일어나 지역별 전문성이 증대되었고, 지역 간 사회 및 경제
의 연계성 역시 점차 증대된 것입니다.

산업화와 지리적 변화 2: 핵심지역에 종속된 주변지역

핵심지역의 내부적인 발전은 주변지역의 지리 변화를 수반합니
다. 즉 핵심지역은 주변지역에서 제공하는 식량과 원료를 활용해 내
부적인 발전을 꾀했습니다. 동시에 핵심지역에서 생산되는 공산품
을 소비하는 시장으로 주변지역을 이용했지요. 이러한 방식을 통해
주변지역으로 자본주의 체제를 확대해 가며 점차 성장했습니다. 이
로 인해 19세기 후반, 핵심지역들의 통제를 받는 식민지 수는 급격
히 늘어났습니다.

식민지주의가 불러온 노동의 국제적 분화로 인해 식민지들은

핵심지역의 산업 지역으로부터 지속적인 수요가 있는 물품을 생산하는 지역이 되었습니다. 대부분은 식량과 공업 원료를 생산하는 지역으로 특화되었습니다. 다시 말하면, 다른 지역에 비해 생산성에 상대적 우위가 있는 물품만을 생산하는 지역으로 전락한 셈입니다.

예를 들어 아프리카나 아메리카 식민지들은 코코아나 고무 등 열대지방에서 한정적으로 생산되는 물품을 조달하는 주변지역으로 그 역할이 굳어졌습니다. 이처럼 식민지의 산업 경제체제는 한정되어 핵심지역에 종속될 수밖에 없었고, 오늘날에도 이러한 경제적 종속은 여전히 지속되고 있습니다. 아프리카 사하라사막 주변에 있는 55개 국가 중 48개 국가는 현재도 국가 수입의 절반 이상을 차, 코코아, 커피 단 세 종류의 농산품에 의존하고 있습니다.

한편 영국의 식민지였던 호주 역시 당시 핵심지역에 생산품을 공급하는 공급지 역할을 했는데, 호주의 커피가 대표적입니다. 호주의 커피와 커피 문화는 매우 유명하지만, 그 형성 과정에는 씁쓸한 역사가 서려 있습니다.

18세기 후반 죄수를 태운 영국의 함대가 시드니Sydney에 정착했고, 이때 브라질에서 가져온 커피가 유입되면서 호주의 커피 역사가 시작되었습니다. 호주 내에서도 브라질과 비슷한 기후를 가진 뉴 사우스 웨일스New South Wales 북쪽에서 첫 재배를 시도한 이후, 본격적인 커피 재배는 19세기에 이르러서야 이루어졌습니다. 당시 본국이었던 영국에 커피를 주로 공급하던 스리랑카에서 커피 녹병이 퍼져 대부분의 커피 농장이 황폐해지자, 호주가 커피 공급처의 대안으로 떠오른 것입니다.

하지만 20세기 초 제1차 세계대전이 발발하면서 불안한 국제

정세 및 인건비 상승으로 전 세계의 커피 산업은 하향세에 접어들었습니다. 20세기 후반에 들어와서야 다시 커피 재배 농가가 조금씩 늘어났고, 1980년대 이후 커피 소비량이 늘어나면서 커피가 상업성 있는 작물로 인정받았습니다.

1986년에 영국으로부터 완전히 독립한 호주는 국가 차원에서 커피 재배를 적극 권장했고, 브라질에서 커피 수확 기계를 들여와 생산량과 수확량을 크게 늘렸습니다. 이후 꾸준한 연구 개발을 거쳐 현재는 최고 품질의 수확 기계를 자체적으로 제작할 정도로 커피 재배와 커피 문화에 자부심이 있는 나라가 되었습니다.

그렇지만 호주의 커피 문화를 좀 더 깊이 들여다보면 조금 다른 이야기를 해볼 수 있습니다. 호주가 식민지 지배를 받던 시기에 커피 농장주들은 농장에서 일하던 노예들에게 강제로 진한 커피를 마시게 해서 잠을 충분히 자지 못하게 했다고 합니다. 그래서일까요? 호주의 커피에는 식민지에서 오는 서러움과 노동 착취의 괴로움이 스며 있는 듯합니다. 많은 사람이 호주의 커피에는 신맛과 단맛이

호주의 작은 카페(왼쪽), 추운 날에도 바닷가의 카페에서 커피를 마시는 호주 사람들(오른쪽)

호주의 커피 메뉴에는
아메리카노와 라떼가 없다?

호주의 커피 메뉴에는 우리가 흔히 마시는 아메리카노 caffe americano가 없기 때문에 대신 롱블랙long black을 주문해야 합니다. 아메리카노와 다른 맛이긴 하지만, 롱블랙은 에스프레소 싱글샷에 뜨거운 물을 추가한 것이기 때문에 그나마 비슷하다고 할 수 있습니다.

호주에는 우리가 흔히 말하는 라떼latte도 없습니다. 그 대신 우유 거품을 배제하고 만든 진한 라떼 맛의 플랫 화이트flat white가 있으며, 에스프레소espresso 대신 쇼트블랙short black이 있으니 혹시 호주에 갈 일이 있다면 참고하기 바랍니다.

● 호주의 커피 농장과 롱블랙

공존한다고 말합니다. 아마도 식민과 노동의 아픈 역사는 뚜렷한 산미로, 이후 식민지 생활의 극복과 청산은 초콜릿 같은 단맛으로 남은 것은 아닐까요? 어쨌든 호주는 커피 마니아들에게 새로운 원산지로서 충분한 매력을 자랑하고 있습니다.

이러한 사례들은 노동의 국제적 분화에 의한 것으로, 핵심지역들은 주변지역들에까지 자본주의 경제체제를 확대했습니다. 즉 핵심지역은 공산품을 주변지역으로 수출하고, 공산품을 수출하고 얻은 이익으로 식민지역의 농산품을 구입하는 경제체제를 구축했습니다. 단, 이 체제로 이득을 상대적으로 많이 얻는 건 늘 주변지역이 아닌 핵심지역이라는 사실을 잊지 말아야 할 것입니다.

현대 제국주의의 등장

19세기 후반, 영국을 비롯한 독일, 프랑스, 네덜란드 등 유럽 국가들과 미국, 일본 등의 국가들은 경쟁적으로 영토와 상업적 지배를 확장하기 위해 노력했습니다. 그리고 이러한 상황은 초기 세계제국과는 다른 새로운 형태의 **제국주의** 시대를 열었습니다.

현대에서 말하는 제국주의란 일반적으로 정치·경제·군사적 지배권을 다른 민족이나 국가로 확장하려는 패권주의 정책을 일컫는 말입니다. 근대 이전에는 앞서 언급했던 로마제국과 몽골제국 등이 대표적인 사례였고, 근대에 이르러서는 나폴레옹의 프랑스에 제국이라는 말이 쓰였습니다.

그러나 현대의 정치·경제에서는 주로 '19세기 후반에서 20세기 초반까지 영국, 프랑스, 독일, 미국, 일본 등의 자본주의 열강이 아시아와 아프리카를 침탈한 과정'을 특정하는 용어로 쓰입니다. 마르크

● 영국령
● 프랑스령
● 스페인령
● 포르투갈령
● 벨기에령
● 독일령
● 이탈리아령
○ 독립국가

리비아
이집트
프랑스 서아프리카
앵글로
이집트
수단
나이지리아
벨기에령
콩고
독일령
동아프리카
남아프리카공화국

⬭ 1914년 아프리카 지도

튀니지
모로코
알제리
리비아
이집트
서사하라
모리타니
말리
니제르
차드
수단
에리트레아
감비아
세네갈
부르키나파소
지부티
기니비사우
기니
코트디
부아르
나이지리아
중앙아프리카
공화국
남수단
에티오피아
시에라리온
소말리아
라이베리아
가나
토고
베냉
카메룬
우간다
케냐
적도 기니
가봉
콩고 민주
공화국
르완다
콩고 공화국
탄자니아
부룬디
코모로
앙골라
잠비아
말라위
모잠비크
나미비아
짐바브웨
마다가스카르
보츠와나
남아프리카
공화국
에스와티니
레소토

⬭ 오늘날의 아프리카 지도

스주의에서는 현대의 제국주의를 '자본주의가 최고로 발달한 단계인 독점 단계에 이르러 해외 식민지 시장을 반드시 필요로 할 때 대외적으로 팽창해 나가는 과정'으로 규정하기도 합니다.

대륙 전체가 주변지역으로 지정되다시피 한 아프리카의 경우, 1880년에서 1914년에 이르는 34년 사이에 유럽 국가들의 이해관계에 따라 대륙 전체의 국경이 인위적인 직선으로 분할되었습니다. 이곳의 자연지리나 전통적인 미니시스템을 근간으로 하는 인문지리와는 거의 무관하게 일어난 일이지요.

이처럼 주변지역들은 유럽, 미국, 일본 등 핵심지역들에 의해 세계시장을 대상으로 상업 작물 위주의 물품을 생산하는 지역, 아프리카 자체의 지역 시장을 대상으로 하는 물품을 생산하는 지역, 자급자족적 생산체제를 통해 노동력 공급지 역할을 하는 지역 등으로 구분되었습니다.

결국 유럽, 미국, 일본 등 핵심지역의 제국주의 및 식민지 정책은 주변지역이 자본, 교통과 운송, 경영, 뉴스, 통신, 언어, 교육, 과학, 종교, 건축, 도시계획 등 거의 모든 분야에서 핵심지역에 거의 전

인천항과 이어진 철로(왼쪽), 쌀 수탈의 개항지였던 군산항 뜬다리 부두(오른쪽)

적으로 의존할 수밖에 없도록 만들었습니다.

　이 모든 것들은 주변지역에서 새로운 장소가 창조되고 공간을 재조직화하는 데 막대한 영향을 미쳤는데, 특히 핵심지역이 식민지에 건설한 항구와 철도 등은 식민지의 내부적 재구조화 과정에 큰 영향을 주기도 했습니다.

　우리나라 역시 일제강점기에 인천, 부산, 목포, 신의주, 청진 등의 도시가 개항했습니다. 대도시인 서울, 대구, 평양 등에는 철도 부설계획이 진행되어 인구가 2배 이상 증가한 상업도시가 되었지요. 교통과 더불어 마을의 경관 역시 한국의 전통 가옥 대신 일본의 적산 가옥이 지배적인 모습으로 나타나기도 했습니다.

　외국에서도 비슷한 사례를 찾아볼 수 있습니다. 제국주의 독일에 점령당해 인류 역사상 최악의 유대인 인종청소(홀로코스트)가 자행된 폴란드의 아우슈비츠 수용소는 복잡한 철로로 연결되어 있습니다. 당시 게르만 민족 중심의 세계관 아래 독일의 반유대정책이 실행되면서 약 600만 명(서울 인구의 약 60% 이상) 규모의 대학살, 즉 **제노사이드** genocide가 자행된 곳으로 잘 알려져 있습니다.

　◯◯◯ 목포의 적산 가옥(왼쪽), 군산의 적산 가옥(오른쪽)

제노사이드란 그리스어로 종족과 인종을 뜻하는 제노geno와 라틴어로 살인을 뜻하는 사이드cide를 합친 단어로 '집단 학살'이라는 의미를 지닌 용어입니다. 일반적으로 제노사이드는 민족·종족·인종·종교·여성·환자 등 특정 집단의 전체 혹은 일부를 파괴할 의도로 행한 모든 행위를 일컫습니다. 제2차 세계대전 중 독일은 유럽 전역에 걸쳐 약 2만여 곳의 나치 수용소를 설치했고, 그중 6곳은 학살이 주목적인 절멸 수용소로 쓰였습니다. 아우슈비츠 수용소는 이러한 절멸 수용소 중 가장 악명 높은 곳이었다고 전해집니다. 나치 수용소 중 최대 규모였기에 이곳 아우슈비츠에서만 약 110만 명이 희생되었습니다.

수용소 입구에는 독일어로 "Arbeit Macht Frei(노동만이 너희를 자유롭게 하리라!)"라는 문구가 적혀 있어 노동 수용소의 역할도 겸한 장소였음을 알 수 있습니다. 수용소 곳곳 어느 하나 소름 끼치지 않는 공간이 없지만, 그중에서도 샤워실은 인간이 어디까지 잔인해질 수 있는가를 깨닫게 하는 장소입니다. 고단한 일과를 마치고 목욕을 하러 온 수감자들에게 따뜻한 물 대신 독가스('치클론 B'라는 살충제의 일종)

⬭ 아우슈비츠 수용소와 수용소로 연결되는 철로들

손톱자국

가스 분출 구멍

◯ 아우슈비츠 수용소에
남아 있는 가스 분출 구멍과
손톱자국

◯ 아우슈비츠 수용소의 소각장

◯ 독가스통과 가방 더미: 가방에는 수감자의 이름과 주소가 적혀 있다.

◯ 생체실험 자료 전시관과 희생자를 추모하는 공간: 생체실험의 외부 유출을 막기 위해 창이 가려져 있다.

◯ 복도에 전시된 짧은 머리의 수감자 사진과 수감자들의 잘린 머리카락

를 살포하여 수많은 희생자가 쏟아져 나온 곳이지요.

대량의 독가스 살포로 약 15분 만에 학살이 진행되었으며 이들 모두 끔찍한 고통으로 괴로워하다 숨졌는데, 아직도 남아 있는 샤워실 천장의 가스 구멍과 벽의 손톱자국, 검은색으로 얼룩진 핏자국 등이 당시의 공포를 가감 없이 전달합니다. 독가스가 뿜어져 나오던 샤워실 바로 옆 칸에는 소각장이 있어 이곳이 계획적으로 고안된 장소임을 알 수 있습니다. 이 어두운 장소를 보고 있노라면 당시 독일의 잔혹한 만행에 눈이 질끈 감기고, 동시에 인간의 덧없는 죽음 앞에 한없이 마음이 무거워지고 숙연해집니다.

이외에도 아우슈비츠 수용소에는 여러 방과 건물에 각기 다른 만행의 증거들이 기록물로 전시되어 있습니다. 한 통에 약 400명을 죽일 수 있는 '치클론 B'가 들어 있는 독가스 통이 잔뜩 쌓여 있는 방, 수감자들의 이름과 주소 등이 적힌 가방 더미가 놓여 있는 방, 생체실험이 이루어진 건물, 희생자를 추모하는 공간 등을 볼 수 있습니다. 복도에는 수감자들의 사진이 걸려 있는데, 사진 속 수감자들은 한결같이 머리카락이 짧게 잘려 있습니다. 이는 수감자들에게 모욕감을 줌과 동시에 이들의 머리카락을 옷감, 카펫용 섬유로 팔기 위해서였습니다. 머리카락뿐 아니라 시신을 태우고 남은 금니와 반지 등은 귀금속으로 탈취하고, 시신의 재로 남은 뼛가루까지도 비료로 사용했다고 합니다.

당시 제국주의 국가였던 독일이 게르만족의 우월주의 사상과 단결을 위해 얼마나 많은 유대인을 비인간적으로 이용하고 희생시켰는지를 알 수 있습니다. 많은 시간이 흘렀지만, 아우슈비츠라는 공간에서 자행된 그들의 제노사이드 행위가 쉽게 용서되지 않는 이

유입니다.

　이러한 제노사이드 행위가 우리나라의 한 작은 섬에서도 일어났습니다. 일제강점기에 형성된 전남 고흥 소록도는 우리가 잊지 말아야 할 장소입니다. 앞서 잠깐 언급했지만 제노사이드는 특정 집단을 파괴할 의도로 육체적·정신적인 위해를 가하고 생활조건을 강제하는 것, 집단 내 출생을 막는 것, 집단의 아동을 강제 이주하는 것 등을 포함합니다.

　소록도 역시 일제강점기, 일제의 나환자 정책에 의해 한센병(나병) 환자라는 특정 집단을 치료라는 명목 아래 강제 격리한 곳입니다. 일본식 생활양식 강요, 강제 노역 동원, 임금 착취, 감금과 생체실험 등의 만행이 이루어진 공간이기도 하지요. 당시에는 일본의 관리·감독 아래 외지와 차단되어 철저히 통제된 채 베일에 싸여 있었습니다.

　현재 소록도에는 검시실과 감금실, 수탄장愁嘆場 등이 남아 이러한 만행을 고발하고 슬픈 역사를 대변하는 장소가 되었습니다. 소록도에는 아프고 어두운 역사를 상기할 수 있는 장소들이 많지만, 그

◯ 소록도 검시실의 단종대(정관수술실)와 감금실

중에서도 검시실은 환자의 해부 및 생체 실험은 물론 강제로 정관수술을 시행해 환자들이 자식을 가질 권리마저 박탈한 비인간적인 장소입니다.

인권 탄압의 상징으로 인식되는 감금실은 저항하는 환자들에게 일본 병원장의 자의적 판단에 의한 감금, 감식, 금식, 체벌 등의 징벌이 행해졌던 곳으로, 아직도 남아 있는 건물의 쇠창살이 당시의 억압과 슬픔을 고스란히 전달합니다.

수탄장은 전염을 우려해 환자와 환자 자녀가 도로 양옆으로 갈라선 채 일정한 거리를 두고 혈육을 바라만 보던 장소입니다. 이 광경에 탄식이 절로 난다고 해서 명명된 곳이기도 합니다. 이처럼 일제 강점기에 형성된 소록도는 사회적 약자인 환자들을 섬이라는 공간에 가두어 놓고, 온갖 강제노역과 가학에 굴종케 하여 부당한 요양소 운영을 일삼았던 일본 제국주의가 만든 제노사이드 공간입니다.

모든 제국주의를 부정적인 측면에서만 다루는 것이 부적절하다는 주장도 있습니다. 하지만 적어도 핵심지역에서 뻗어나간 현대 제국주의가 새로운 세계지리를 형성하는 데 있어 주변지역에 미친 영

소록도의 수탄장, 과거와 현재

출처(왼쪽): 국립소록도병원 한센병박물관

향을 다각적이고 상대적인 시각으로 접근해 보는 것이 필요하다고 생각합니다.

지리학적 관점에서, 새로운 제국주의 시대가 시작되자 핵심지역인 강대국이 지닌 힘은 상대적으로 주변지역인 약소국에 불평등한 차별과 폭력이라는 이름으로 자행되었습니다. 이러한 역사는 결국 지리적 장소의 차이로 나타났고, 경관 곳곳에 이러한 요소가 반영되어 있음을 꼭 기억해야 할 것입니다.

세계는 서로 가까워지는가, 서로 멀어지는가

 이쯤에서 정리를 한번 해보겠습니다. 세계지리의 역사적인 맥락 속에서 인류는 수렵과 채집 위주의 '미니시스템'에서 시작해 '초기제국의 성장', 16~17세기 '유럽의 식민지 개척 시대', 18세기 '산업혁명과 그 이후 핵심지역의 성장 및 주변지역의 식민화 과정'을 거쳤습니다. 그리고 19세기 후반 '세계대전과 현대 제국주의'에 이르기까지의 세계적 변화 과정을 알아보았지요.

 제2차 세계대전 이후인 20세기에 들어서는 제국주의 중심의 세계질서가 해체되고, 식민지들은 독립해 제3세계를 형성했습니다. 미국과 소련(현 러시아)에 의한 새로운 **헤게모니** hegemony가 세계를 장악하기도 했습니다. 이 시기를 냉전체제라 일컫는데 미·소로 대표되는 양 체제의 정점이 대립각을 세우던 때를 말합니다.

 당시 미국은 민주주의의 병기창으로서 생산력을 발전시켰고, 자본주의의 최강국으로 군림하며 전 세계를 지도하기에 이르렀습니다. 한편 소련은 폴란드, 루마니아, 헝가리, 체코슬로바키아(현 체코와 현 슬로바키아), 알바니아 등 동유럽 제국을 중심으로 사회주의 체제의 신뢰를 높이고 국제적 발언권을 강화해 나갔습니다. 하지만 90년대에 소련은 붕괴되었고, 분단국가였던 독일은 사회주의 체제인 동독이 자본주의 체제인 서독으로 흡수 통일되었습니다. 그 결과 미국을 중심으로 한 핵심지역이 세계시스템을 주도하게 되었습니다.

미국과 서부 유럽을 중심으로 한 자본주의 국가들은 세계적인 핵심지역으로서 '제1세계'로 명명되었고, 급진적인 정치·경제체제를 갖추고 독자적인 발전을 추구했던 소련과 중국, 동부 유럽 등 사회주의 국가들은 '제2세계'로, 그리고 식민지였으나 정치적으로는 독립한 아프리카 및 아시아 일부 국가(한국, 인도, 인도네시아 등)들은 신생 독립국가로서 '제3세계'가 되었습니다.

1960년대 이후의 세계시스템은 미국의 주도 아래 자본주의가 더욱 강화되었고, 식민지였던 국가들은 비록 독립하긴 했지만 정치적·경제적으로는 여전히 핵심국가에 종속되었습니다. 또한 거대 기업들에 의한 상업적 제국주의가 대두되면서 과거와 같은 식민지주의가 아닌 **신식민주의** neo-colonialism가 시작되었습니다.

신식민주의란 핵심 경제권에 속하는 강대국들이 다른 지역에 대한 그들의 영향력을 간접적인 방법으로 유지하거나 확장하려는 전략을 말합니다. 과거의 식민주의가 무력에 의한 지배였다면, 현재는 더욱 치밀한 경제적·정치적 논리가 적용되어 핵심지역 중심의 상업적 제국주의가 도래했다는 의미입니다.

특히 핵심지역들은 **초국적기업**을 통해 세계 여러 나라(특히 주변지역이나 준주변지역)에 지사나 공장, 사무실 등을 설치해서 투자와 기업 활동의 범위를 국제적인 영역으로 확대했습니다. 실제로 초국적기업의 본사는 거의 90% 이상이 핵심지역에 위치합니다. 막대한 자본을 이용해서 주변지역에 큰 영향을 주기 때문에 '새로운 형태의 제국주의자'로 보기도 합니다.

　따라서 이들이 미치는 여러 부정적인 영향을 간과할 수 없습니다. 이를테면 첫째, 국민 정부의 동의 없이 세계 곳곳으로 상품이나 서비스, 자본을 이동시켜서 국민 정부의 힘을 약화한다는 점입니다. 둘째, 자체 내부시장을 갖고 있어 그들 기업이 정한 가격으로 상품과 서비스를 팔고 있으므로 자유 시장경제가 교란될 수 있다는 점도 주의해야 합니다. 셋째로 개발도상국의 환경을 파괴할 수 있습니다. 마지막으로 기업의 막강한 경제력과 경쟁력을 바탕으로 정치적 영향력을 행사하여 주변지역의 경제 상황과 법률을 초국적기업에 이롭게 적용하도록 바꿀 수 있다는 점에서 우려의 목소리가 큽니다. 이러한 이유로 초국적기업은 경제적 제국주의자로 간주되기도 하지만, 지난 수십 년간 진행된 새로운 지리적 재구조화 과정, 즉 **세계화** globalization에 중심적인 역할을 수행하고 있기도 합니다.

　세계화 과정이 가속화되면서 세계적인 국가시스템과 여러 지역

⬭ 대표적인 초국적기업인 맥도날드 본사(왼쪽), 한국의 안티맥도날드 데이 시위 현장(오른쪽)

○ 반세계화 시위에 걸린 플래카드

의 장소 간 상호의존성이 더욱 강화되고 있습니다. 최근 진행되는 세계화 과정의 특징으로는 국제적 차원에서의 경제·문화 교류 활성화, 전 세계적 소비 및 생활양식의 확산, 한정된 지구 자원을 두고 높아진 경각심과 그에 따른 환경이나 기근에 대한 관심 고조 등을 들 수 있습니다.

　세계화를 통해 장소는 서로 공간적으로 더욱 긴밀해지고 있지만, 주변지역과 준주변지역들은 **반세계화**의 목소리를 높이고 있기도 합니다. 반세계화는 신자유주의 세계화에 반대하는 흐름으로 세계무역기구(WTO), 국제통화기금(IMF) 등의 국제기구나 국제회의가 일을 할 때마다 그 목소리가 커지고 있습니다.

　많은 사람이 '세계화는 무역과 금융시장을 통합하고 자본, 인력, 지식의 자유로운 이동을 가능하게 함으로써 모든 국가에 많은 기회를 줄 것이다'라고 하지만, 반세계화에 동의하는 사람들은 '실상은 그렇지 않다'라고 주장합니다. 아직 경쟁력이 확보되지 않은 준주변지역(개발도상국)이나 주변지역은 자본과 기술 면에서 핵심국가에 뒤처질 수밖에 없습니다. 국제적인 표준도 현 패권국인 미국을 비롯한 강대국이 정하기 때문에 국제 금융시장에서는 핵심지역과 주변지역 간 불균형 폭이 더욱 심화될 것이라고 말합니다.

결국 세계화 역시 주변지역과 준주변지역의 희생을 강요하는 것이라고 주장하는데, 바로 이것을 반세계화 흐름이라고 합니다. 간혹 뉴스에서 반세계화 시위를 하는 모습이 보도되곤 합니다. 이는 핵심지역과 주변지역 간 경제적 차이와 불균형·불평등에서 비롯되는 것이며, 이 불평등의 역사가 해소되지 않고 계속되면서 나타나는 현상입니다.

3장

지리를 알면 보이는
경관

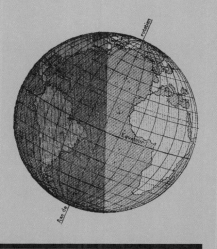

일상의 경관,
상징의 경관

　아래 사진은 어린 시절 '골목길'에서 볼 수 있었던 광경들을 담고 있습니다. 사진을 보면 어떤 마음이 드나요? 무언가 포근해지는 마음과 함께 어릴 적 추억이 떠오르며 다른 경관들도 하나둘 머리에 그려지지 않나요? 예를 들면 골목길의 문방구와 문방구 앞 오락기에 모여 있던 동네 아이들, 떡볶이와 떡꼬치를 팔던 분식집, 조그만 놀이터 같은 것들이 떠오를 수 있겠지요.

　사진을 보면 알 수 있듯이 골목길이 주는 장소성은 대개 '추억'에 기반하고 있습니다. 물론 다 그렇지는 않겠지만, 30대 이상 성인

◯ 골목길의 추억

들에게 골목길에서 친구들과 고무줄놀이, 오징어 게임, 얼음땡, 술래잡기를 해본 경험이 한 번쯤 있다면 골목길이 주는 정서는 정겹게 다가오는 어릴 적 기억일 것입니다. 이처럼 장소는 경관을 통해 무언가를 보여주며, 그 안에는 많은 의미가 내포되어 있습니다. 그렇다면 경관이란 정확히 무엇일까요?

경관을 아주 쉽게 설명하면 관찰자의 시야에 들어오는 모든 것, 즉 눈에 보이는 모든 것을 말합니다. 좀 더 학술적인 의미로는 '인간과 자연환경 간의 복합적인 상호작용에 의해 도출된 독특하고 실체적인 결과물들'을 가리키지요. 일반적으로 경관은 보통 문화경관을 의미하지만, 사우어의 문화경관론에서는 **자연경관**natural landscape과 **문화경관**cultural landscape으로 나눠 해석합니다. 이때 자연경관은 말 그대로 자연 그 자체(날씨, 육지, 바다, 식물 등)를 말하고, 문화경관은 가족관계, 체제, 종교, 언어, 교육, 젠더 등의 '문화'가 시간을 거쳐 매개체인 자연과 융화되어 인구, 거주, 도시계획, 생산, 물품 등의 형태로 나타나는 것을 의미합니다. 간단히 말하면 문화경관이란 자연경관에 인간의 힘이 개입해 변형된 것으로 봅니다.

경관 연구는 많은 지리학자에게 중요한 주제이자 목표입니다. 현대 지리학자들은 경관(문화경관)이란 '인간 활동의 포괄적인 산물로서 우리 사회의 모든 것을 복합적으로 담은 그릇'으로 표현하곤 합니다. 경관에는 인간의 행동 특성과 경험 등의 흔적이 담겨 있기 때문입니다. 경관은 늘 우리 삶의 모습을 정직하게 반영하므로 경관을 이해하고 해석하는 일이 그 무엇보다도 중요하다고 보는 것이지요.

그런 의미에서 필자를 포함한 많은 지리학자는 자연경관, 그리

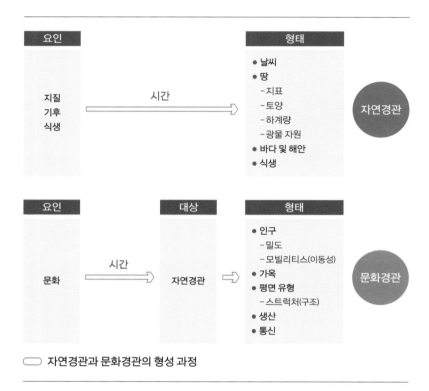

자연경관과 문화경관의 형성 과정

고 자연경관에 시간과 문화가 버무려져 만들어진 문화경관을 통해
그 속에서 일궈낸 인간의 모습을 읽어내려고 노력합니다. 나아가 경
관에 관계된 사회의 기능과 여러 요소 간 상호작용을 분석해서 관심
을 확대하는 일에 골몰하기도 합니다.

경관은 인문적 체계의 일부로 간주되기 때문에 경관의 종류는
수학 공식처럼 딱딱 맞아떨어지거나 명확하게 분류되지는 않습니
다. 하지만 경관을 일상적 경관, 상징적 경관, 힘의 경관, 절망의 경
관, 버려진 경관 등으로 나눠 분석해 볼 수 있습니다. 사진과 함께
각 경관을 살펴보겠습니다.

첫째, **일상적 경관**은 인간이 일상생활을 영위하는 과정에서 만들어진 공간에 나타나는 경관을 말합니다. 즉 우리가 일상생활을 하는 가운데 일상적인 필요에 의해 창조한 공간이자 삶터를 의미하지요. 앞에서 본 골목길도 일상적 경관으로 바라볼 수 있을 것입니다.

평소 마주하는 시장도 쉽게 볼 수 있는 일상적 경관의 대표적인 장소입니다. 시장은 부모님들이 장을 보고, 자녀들은 부담 없이 시식을 하고, 상인들이 물건을 파는 자연스러운 일상생활의 모습이 그대로 녹아 있습니다. 일상적 경관은 이곳에 살아가는 사람들의 인식, 가치, 행태 등을 반영하고 그에 맞춰 변화하며, 반대로 이곳에 살아가는 사람들의 인식, 가치, 행태에 영향을 주기도 합니다.

우리나라의 대학가를 한번 들여다볼까요? 대학가는 단순한 물리적 공간만을 지칭하지는 않습니다. 대학가는 거시적인 사회문화적 과정에서 그 공간의 주체들에 의해 끊임없이 생성·변화·소멸하는 사회적 공간으로서 거대한 실험과 자유의 장입니다. 하지만, 아쉽게도 우리나라의 대학가는 한국의 애달픈 교육 현실이 여지없이 반영된 곳이기도 합니다. 우리는 초등학교 시절부터 고등학교에 이르기까지 억압된 교육의 현실을 마주하고, 매우 당연하게 학원과 공부에 길들여지면서 자랍니다. '그래, 참자. 대학만 가면~' '대학 가서 하면 돼!'로 끝나는 다짐과 함께 말입니다.

그래서인지(사실 대학에 진학해도 막막한 현실과 미래는 대부분 그대로일 것입니다.) 일단 대학에 들어오고 성인이 되면 대학생들은 그간 하지 못했던 많은 것들을 분출합니다. 따라서 대학가의 낮과 밤은 완전히 다른 풍경을 선사합니다. 대학가의 낮은 그 시간대의 다른 장소와 별반 다르지 않습니다. 다른 곳보다 사람이나 차의 이동량이 상대적

● 풍물시장

● 광장시장

● 전주 남부 새벽시장

⬭ 일상적 경관으로서의 시장

일상적 경관: 대학가의 낮과 밤

으로 많기는 하지만, 오고 가는 사람들 속 대학가 상점의 분위기는 상대적으로 튀지 않고 조용한 편입니다.

하지만 밤이 되면 분위기는 달라집니다. 고성방가는 기본이고, 현란한 네온사인과 특유의 방 문화(노래방, PC방, 모텔 등)에서 쌓인 고충을 표출하는 청춘들이 대학가를 가득 메웁니다. 그간의 억압된 교육 현실에 반항이라도 하듯이요. 이처럼 화려하고 시끌벅적한 대학가의 밤 경관을 통해 우리는 한국의 교육 문제를 확실하게 마주할 수 있고, 청춘의 고단한 삶을 느낄 수 있습니다. 이 경관에는 아픈 욕망의 속살을 간직한 채 삶을 이어가는 청년들의 현실이 반어적으로 담겨 있습니다. 이처럼 경관은 삶을 정직하게 반영합니다.

둘째, **상징적 경관**은 특정 경관을 직접 창출하거나 재정적으로 후원한 사람들이 일반 대중에게 전달하고자 하는 가치나 신념을 내재한 경관입니다. 특정 양식의 건축물이나 탑, 동상 등이 여기에 해당합니다. 우리나라 서울의 광화문 광장이나 미국 워싱턴 D.C.의 내셔널 몰National Mall에서 볼 수 있는 모습은 대표적인 상징적 경관으로 해석할 수 있을 것입니다. 광화문 광장에는 우리나라 사람들이

● 세종대왕상

● 이순신 장군 동상

⬭ 서울의 상징적 경관: 광화문 광장

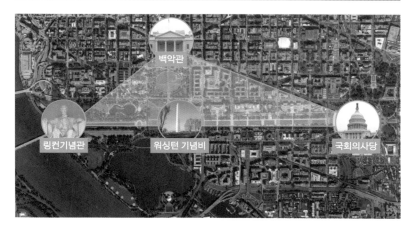

⬭ 워싱턴 D.C.의 상징적 경관: 내셔널 몰

가장 존경하는 두 인물인 세종대왕과 이순신 장군 동상이 놓여 있습니다. 광화문 광장 하면 바로 연상되는 이 동상들은 한국인이라면 그 누구도 존경해 마지않는 두 인물을 형상화해 한국의 정신과 혼을 담아 세운 것으로 볼 수 있습니다.

미국의 수도 워싱턴 D.C.의 내셔널 몰도 마찬가지입니다. 내셔널 몰은 푸른 잔디로 채워진 대형 공원인데, 여기엔 '링컨기념관-워싱턴 기념비-국회의사당'이 상징적으로 일렬 배치되어 있습니다. 마찬가지로 미국인이라면 존경하지 않을 수 없는 두 인물, 즉 노예해방을 선언한 링컨 대통령과 초대 대통령인 워싱턴이 상징적 경관으로서 그 정신을 새기고 있지요.

이들 대통령의 상징 바로 옆에는 국민을 대표하는 국회의사당이 놓여 있어 기하학적으로 평행한 일렬을 이룹니다. 이 배치는 미국의 평등 사상을 드러내고 있습니다. 한편 이 주요 라인에서 살짝

옆으로 비켜 간 곳에는 대통령이 머무는 백악관이 있습니다. 이는 백악관이 군림하는 권위자의 공간이 아니라 나라와 국민을 위해 일하고 봉사하는 대통령의 공간이라는 의미를 담고 있습니다. 내셔널 몰에 관해서는 뒤에서 조금 더 자세히 살펴보겠습니다.

셋째, **힘의 경관**은 무력과 자본, 종교의 권위 등이 내포된 경관입니다. 영화 〈굿바이 레닌〉(2003)은 동독의 한 가정을 통해 독일 통일의 변화 과정을 보여줍니다. 동시에 당시 동독의 상징적 경관이자 힘의 경관이던 레닌 동상이 철거되는 모습과 자본주의의 상징인 초국적기업들이 몰려오는 모습을 대비시켜 힘의 경관이 변화하는 모습을 들여다볼 수 있는 작품이지요.

이 영화는 동독 입장에서 베를린 장벽 철거 이전과 이후 모두를 살펴볼 수 있습니다. 사회주의 국가였던 동독이 자본주의 국가인 서독에 흡수 통일되면서 서독의 자본주의 물결이 동독에 빠르게 흘러들어오는 과정을 잘 묘사하고 있습니다. 특히 사회주의를 상징하던 동독의 빨간색 국기가 빨간색 코카콜라 광고로 뒤덮이고, 주인공의 누나와 매형이 버거킹에 취직해서 돈을 버는 모습은 국가 체제의 변

◯ 힘의 경관: 영화 〈굿바이 레닌〉 속 코카콜라와 버거킹

⬭ 힘의 경관: 요한 바오로 2세 추기경의 서거식(왼쪽), 김수환 추기경의 서거식 추모
물결(오른쪽)

화가 곧 자본의 힘에 지배되는 상황을 보여주는 경관입니다.

한편 종교적으로 추앙받는 성직자가 서거하면 수많은 신도는
물론 일반인들까지 깊은 존경심으로 추모와 애도를 하기 위해 한마
음 한뜻으로 성지에 모이는 모습을 볼 수 있습니다. 이 수많은 인파
가 몰린 모습 역시 종교적인 힘을 느낄 수 있는 경관이라 할 수 있을
것입니다.

넷째, **절망의 경관**은 말 그대로 인간의 절망적인 감정이 담겨 나
오는 경관입니다. 뉴스에서 간혹 볼 수 있는 난민촌이나 슬럼가, 가
난한 마을 같은 경우가 대표적인 예가 될 수 있을 것입니다. 유엔은
슬럼 slum을 '삶의 질이 낮으며 오염되어 있는 쇠락한 도시 혹은 도시
의 한 지역'이라고 정의하고 있습니다. 아시아 최대의 슬럼가로 알
려진 인도 뭄바이의 다라비Dharavi 슬럼은 주변의 높은 빌딩들과 극
과 극의 대조를 보이는 대표적인 빈민촌으로, 대물림되는 가난과 절
망을 엿볼 수 있는 곳입니다.(혹자는 이곳에서 희망을 말하기도 합니다.)

다라비 슬럼은 19세기 후반, 인구밀도가 런던의 10배에 달했던

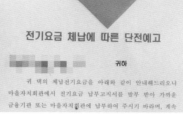

⬭ 절망의 경관: 뭄바이의 다라비 슬럼(왼쪽), 구룡마을의 단전예고 통지문(오른쪽)

뭄바이에서 전염병이 퍼지자 영국 식민지 정부가 도시 외곽의 다라비로 오염 시설과 그 종사자들을 쫓아내 버렸던 것을 계기로 형성되었습니다. 식민지 정부는 이후에도 다라비에 인프라 투자를 하지 않았고, 다라비는 위생 시설이나 배수로, 식수, 도로 등 기본 인프라 없이 그 규모만 확대되어 왔지요. 인도 정부에서는 지속적으로 재개발을 추진하고 있지만, 주거지와 일자리를 잃을까 걱정하는 거주민들(다라비 인구는 약 100만 명 이상으로 추정)의 동의를 얻기 어려워 여전히 다라비 슬럼의 열악한 환경이 이어지고 있습니다. 이외에도 가난한 마을에서 볼 수 있는 여러 풍경과 도시에서 흔히 볼 수 있는 노숙자, 그들이 머무는 공간 등을 절망의 경관으로 해석할 수 있을 것입니다.

마지막으로 **버려진 경관**은 자포자기, 학대, 자본의 철수, 파괴, 폭력 등이 드러나는 장소에서 볼 수 있습니다. 시골에서 볼 수 있는 폐교나 버려진 집들도 여기에 해당합니다. 2022년부터 시작된 러시아와의 전쟁으로 파괴되어 더는 행복한 삶과 거주를 유지할 수 없는 우크라이나의 마을과 건물 등도 버려진 경관이라고 할 수 있습니다.

절망의 경관: 종로의 노숙자(왼쪽), 서울역 노숙자 공간(오른쪽)

하지만 경관의 종류는 이 중 어느 한 가지로 엄밀하게 분류할 수 있는 것이 아닙니다. 한 장소에도 여러 종류의 경관이 함께 녹아 있다는 것을 전제로 해석해야 합니다. 경관에는 여러 겹에 걸친 다양한 의미들이 누적되어 있기 때문입니다. 일상적 경관이지만 상징적 경관이 함께 드러나기도 하고, 상징적 경관으로 해석되지만 동시에 힘의 경관으로 파악되는 경우도 많습니다. 절망의 경관 역시 버려진 경관과 함께 파악되는 경우도 있습니다.

경관의 의미에 대한 해석은 시대, 개인, 사회집단 등에 따라 서

버려진 경관: 폐교(왼쪽), 폐허가 된 집(오른쪽)

지리를 알면 보이는 경관

● 경교장 외부

● 경교장의 거실 겸 집무실

● 김구 선생의 피가 묻은 윗옷

⬭ 다중적 의미의 경관: 경교장은 힘의 경관과 상징적 경관→일상적 경관→상징적
경관으로 의미가 변화해 왔다.

로 다르게 표현되고 이해됩니다. 예를 들어, 경교장京橋莊은 대한민국임시정부 주석 백범 김구 선생의 숙소이자 환국 후 임시정부의 마지막 청사입니다. 원래는 일제강점기 부호 최창학의 주택으로, 김구 선생이 1945년 11월 23일 환국 후 1949년 6월 26일 안두희의 저격을 받아 서거할 때까지 3년 7개월간 머물렀던 공간이며 우리나라 근·현대사를 담고 있는 역사적 현장입니다. 당시에는 우리나라의 국가적 힘이 반영된 경관이자 상징적 경관이었던 곳입니다.

하지만 경교장은 김구 선생의 서거 이후 6·25 전쟁 당시 미군 병원 주둔지로, 전후에는 베트남 대사관저 등으로 쓰이다가 1968년 강북삼성병원(구 고려병원)에 인수되었습니다. 경교장 내 국무회의장은 원무과로, 김구 선생 집무실은 의사 휴게실로 사용되어 평범한 일상적 경관으로 변모하면서 한국 근·현대사적 의미로서의 힘과 상징적 경관은 퇴색되었지요.

2005년부터는 사적(제465호)으로 지정되고 복원을 추진하면서 2013년부터 전시관으로 개관했습니다. 현재 경교장은 강북삼성병원 건물 사이에 어색하게 끼어 있는 2층짜리 고풍스러운 건물로 남아 있습니다. 경교장이라는 명칭은 서대문 부근에 있던 경교라는 다리에서 따온 것인데, 경교장 내부에는 대한민국 임시정부가 걸어온 길이 자세히 안내되어 있습니다. 김구 선생의 거실(집무실), 정부 요인의 숙소, 선전부 활동 공간, 응접실, 귀빈 식당 등이 재현되어 있고, 지하에는 김구 선생의 혈흔이 묻은 옷가지 등이 전시되어 있는 등 다시금 우리 국민의 상징적 경관으로 되돌아오는 중이라고 할 수 있습니다.

이처럼 한 장소에는 여러 형태의 문화경관이 내재되어 있습니다. 경관에는 평범한 사람들의 일상생활, 힘 있는 자들의 독특한 생활양식, 물질적인 생활양식, 꿈과 사상, 절망과 비극, 역사적 사실 등이 반영됩니다. 경관을 연구하고 관심을 갖는 일은 인간주의의 측면에서 지속적으로 이루어져야 할 과제일 것입니다.

세상을 읽고 해석하는
경관의 텍스트화

경관을 **텍스트**text화한다는 말이 있습니다. 무슨 뜻일까요? 경관은 마치 텍스트처럼, 집단이나 개인에 의해 쓰이고 읽힌다는 견해를 의미합니다. 경관은 아무런 의미 없이 그저 우연히 만들어지는 게 아닙니다. 그 경관을 생산하고 이를 통해 특정한 의미를 전달하려는 저자writer가 있으며, 경관에 새겨진 의미를 소비하는 독자reader가 존재합니다.

경관을 통해 저자는 저자가 지닌 특정한 가치나 신념 등을 전달하려 하고, 경관을 바라보는 우리는 알게 모르게 이러한 가치나 신념을 받아들이고 이해하게 된다는 것이지요. 하지만 글과 마찬가지로, 이러한 경관의 의미들이 모든 독자에게 동일하게 전달되는 것은 아닙니다. 같은 장소를 보더라도 독자마다 다르게 해석할 수 있기 때문입니다.

저자는 경관을 통해 '의미'를 생산하고 그 의미를 독자에게 전달하고자 합니다. 지리학자를 비롯한 많은 사람이 경관에 새겨진 의미를 읽고 해석하려 합니다. 이 과정이 바로 경관의 텍스트화라고 할 수 있습니다.

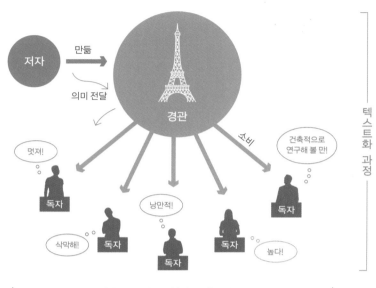

경관은 독자에 따라 '다르게' 해석(읽힘)

⬭ 경관의 텍스트화 과정

그렇다면 실제로 텍스트화 과정을 어떻게 수행하는지 간단히 알아보겠습니다. 단순히 사진에 드러나는 경관을 분류하거나 해석하는 것은 이미 다뤘기 때문에, 이번에는 좀 더 전문적인 측면에서 공간에 접근해 보고자 합니다.

영역성 territoriality의 개념에서 경관화된 공간을 텍스트화해 보는 것은 어떨까요? 영역성이란 일반적으로 개인이나 사회집단이 특정한 장소나 공간적 영역에 지속적인 집착을 보이는 것을 말합니다. 이를 인간의 기본 욕구인 소유욕(지배욕)에서 파생되는 개념으로 보기도 합니다.

영역성은 장소를 만드는 근본적인 동기를 제공하는 요인입니다. 조금 벗어난 이야기이지만, 영어로 '행위 또는 사건이 일어나다'라는 뜻의 'take place'라는 숙어가 있습니다. 이 숙어에서 알 수 있듯이 place, 즉 장소를 전제하지 않고서는 어떠한 사건의 발생도 있을 수 없습니다.

영역성을 **인성학**人性學에서는 본능적인 것으로 해석합니다. 다시 말해, 인간은 본능적으로 영역성을 지니고 있다는 것입니다. 인성학에 따르면 영역은 우리에게 안정감, 안전함, 정체성 등의 의미를 주기 때문에 각자의 영역에 강한 집착을 드러냅니다.

이러한 현상은 일상의 미시적인 지리 현상에서도 자주 나타납니다. 예를 들면 강의실이나 도서관에서 미리 자리를 확보해 두려는 것, 갱들의 영역 표시 등을 본능적으로 영역을 가지려는 인간의 심리에서 나오는 행위로 봅니다. 혼잡한 장소에 있으면 짜증이 나는 것 역시 자신의 영역을 상실하면서 본능적으로 나타나는 현상으로 해석합니다.

근접학近接學에서는 이와 달리 영역성은 본능적인 것이 아니라 인간이 공간에 사회적이고 문화적인 의미를 부여하기 때문에 발생

⬭ 도서관, 갱들의 그래피티, 혼잡한 지하철 안

⬭ 여성의 공간으로 인식되는 발레 연습실로 들어선 빌리 엘리어트

한다고 주장합니다. 종로에서 살펴본 것처럼 노인의 공간과 젊은이의 공간이 분리되는 것, 또 남성의 공간과 여성의 공간이 분리되는 것 등은 근접학에서 해석하는 영역성의 예시입니다.

영화 〈빌리 엘리어트〉(2001)는 남성과 여성의 영역을 근접학의 측면에서 바라볼 수 있는 좋은 작품입니다. 이 영화는 영국 북부의 탄광촌 더럼Durham을 배경으로, 가난한 마을의 남자아이 빌리가 가난과 온갖 어려움을 딛고 멋진 발레리노로 성장한다는 내용을 담고 있습니다.

일반적으로 탄광촌은 검은 탄광을 뒤집어쓴 광부의 이미지가 강하게 배어 있는 공간입니다. 가정을 책임져야 하는 탄광 노동자인 아버지는 가족 구성에서 중요한 위치를 담당할 수밖에 없습니다. 이러한 사회문화적 의미로 봤을 때 탄광촌에는 다소 가부장적이면서도 남성적인 이미지가 강하게 작용하고 있습니다. 이 작품 속 더럼 역시 전형적인 탄광촌의 모습, 남성적 공간으로 그려집니다.

그러나 빌리는 더럼에서 엉뚱하게도, 섬세한 엄마의 유전자를 물려받아서인지 아빠와 형이 당연스레 해오던 복싱 대신 자신도 모르게 클래식 선율에 이끌려 발레를 하게 됩니다. 아빠는 빌리가 '여자나 하는' 발레를 하는 것을 탐탁지 않게 여기며 반대를 하고, 경제적인 어려움까지 더해지면서 빌리는 성장통을 겪지만 결국 이 모든 어려움을 극복하는 것으로 영화가 마무리되지요.

여기서 발레 연습실은 여성의 공간, 복싱 체육관은 남성의 공간으로 이해됩니다. 우리 역시 이렇게 사회문화적인 의미에 따라 공간적 영역을 나누어 인식하고 있습니다. 하지만 빌리는 인식의 편견을 깨고, 소위 말하는 여성의 공간에 자신을 놓아두는 용기를 택함으로써 차별을 극복하는 첫걸음을 뗍니다. 이러한 빌리의 이야기는 환경과 공간이 주는 의미가 적지 않음을 느끼게 합니다.

한편 근접학적 측면에서 집창촌이라는 공간은 여성 노동자로 구성되어 있지만, 그 공간의 이용자 다수가 남성이라는 측면에서 사회문화적으로는 남성의 영역으로 간주됩니다. 이러한 점은 이 공간의 아이러니함을 다시 한번 느끼게 합니다. 이처럼 모든 공간은 사회문화적 관점에서 해석하고 이해될 수 있습니다.

⬭ 남성의 영역: 구 용산역 근처에 있던 집창촌(왼쪽), 프랑크푸르트에 위치한 집창촌(오른쪽)

그러나 단순히 인성학이나 근접학에서 주장하는 영역성의 의미와 해석에는 한계가 있습니다. 공간 및 공간을 반영하는 경관에는 더 다양하고 복잡한 시각이 존재하기 때문입니다. 따라서 영역성이란 인간과 장소의 사회적 상호 관계와 수많은 문화체계에 의한 산물, 즉 세력(힘)에 의한 결과물이라고 주장하는 것이 좀 더 설득력이 있을 것입니다.

모든 사회적 조직과 이에 속한 사람들은 각자 영역 규모의 한계가 있고 그것을 유지합니다. 조직(국가, 기업, 단체)이나 사람들은 국경, 상권, 인종 및 문화적 영역 등에서 특정한 지리적 공간을 특정 세력의 통제 아래 규정하고 있지요. 결국 영역성이란 특정 지리적 공간 범위에 속해 있는 주민, 자원, 관계성 등의 요소들을 통제하기 위한 권리라고 볼 수 있을 것입니다.

영역성으로 형성된 사람과 장소 간의 연대감은 그곳에 거주하는 사람들이 일상적인 경험을 하는 과정에서 그들만의 공유된 의미를 갖게 합니다. 이를 '**장소감**'이라고도 하는데, 특정 장소와 관련된 경험, 추억, 그 장소가 내포하는 상징적 의미 등의 요인에 의해 사람

▭ 다양한 국경의 모습: 폴란드의 국경(왼쪽), 미국의 국경(오른쪽)

━ 포근한 장소감: 시골 초등학교의 독서하는 소녀상과 아름드리 나무

들이 가지게 되는 느낌을 말합니다. 그곳에 거주하는 사람들은 장소감을 통해 지역에 대한 장소애場所愛 혹은 장소성을 형성합니다.

　　장소감은 사람과 사람 사이의 친밀감, 그리고 사람들이 주변 환경에 대해 느끼는 친밀감에 의한 자연스러운 결과입니다. 사람들은 장소감으로 인해 그들의 장소에서 편안함을 느낍니다. 이는 경관에 그대로 반영되어 있습니다.

장소에 새겨진
의미를 읽는 법

경관은 단순히 보이는 것 이상으로 많은 의미를 내포하고 있습니다. 이렇게 경관에 적힌 의미들을 어떻게 읽을 것인지는 우리가 경관에 관심을 얼마나 가지고 있느냐에 따라 달라질 것입니다. 경관의 숨은 의미를 찾아내고 해석하려면 경관 속에 각인된 언어를 이해할 수 있어야 합니다. 여기에서는 크게 장소의 경제적 의미, 사회문화적 의미, 종교적 의미, 포스트모던적 의미가 경관상 어떠한 모습으로 나타나고 있는지, 이를 어떻게 해석할 수 있는지에 관해 살펴보려고 합니다.

경제적 의미: 장소마케팅과 경관

장소의 상품화, 소비, 광고와 판매에 이르는 일련의 과정을 **장소마케팅** place marketing이라고 합니다. 장소마케팅은 장소를 관리하는 개인이나 조직이 추구하는 경제적·사회적 활동을 함축하는 현상입니다. 공적 또는 사적인 주체들(주로 지방정부와 지방 기업가)은 다른 기업가와 관광객, 그곳에 사는 주민들이 해당 장소를 매력적으로 느끼도록 지리적으로 규정된 '장소의 이미지'를 판매하려는 다양한 노력을 합니다. 이 활동들이 바로 장소마케팅인 것이지요.

장소마케팅은 우리가 일상에서 가장 흔하게 접하는 장소를 경제화하는 과정입니다. 장소마케팅의 과정에서 장소감(130쪽 참고)은 중요한 상품이 되고, 문화는 중요한 경제 행위가 됩니다. 특히 문화는 장소들이 다른 형태의 경제 행위들을 유인하고 지속하게 하는 데 중요한 역할을 합니다. 세계 각국에서 펼쳐지는 지역 축제나 스포츠 경기는 재단장을 통해 장소의 이미지를 재창조하는 동시에 경제적 의미에서 장소를 상품화한 대표적인 사례입니다.

매해 11월에 청계천 일대에서는 '서울빛초롱축제'가 열립니다. 한지로 만든 등을 청계천에 띄우는 이 행사는 다양한 빛 조형물을 전시하며 많은 관람객을 끌어모읍니다. 이 시기에 맞춰 청계천 다리에서는 야시장을 열고 다양한 길거리 음식을 함께 선보이는데, 문화 경제적인 효과도 큰 축제로 평가받고 있습니다. 이런 이점들 덕에 현재는 서울시의 대표 축제로 자리 잡은 상태입니다.

흥미로운 점은 과거에도 풍년과 나라의 태평성대, 자손의 번영을 기원하기 위해 종종 청계천에서 축제를 열었다고 합니다. 이것이

매해 청계천에서 열리는 서울빛초롱축제의 모습

⬭ 남포동 BIFF광장 문화거리

지금에 이르러서는 빛 축제로 이어지면서 청계천의 역사가 경관상
으로 반영되고 있는 것입니다.

한편 부산에서는 부산국제영화제(BIFF. Busan International Film
Festival)가 성공적인 지역 문화 축제로 자리 잡아 지역 경제를 창출하
고 있습니다. 타임지에서 '아시아를 대표하는 영화제'로 소개할 만
큼 이름난 축제가 되었지요. 1996년에 남포동 극장가에서 시작된 영
화제는 규모가 커져 해운대 BIFF 빌리지까지 무대를 넓혔습니다.
영화제의 중심이 남포동에서 해운대로 차츰 옮겨가는 분위기이지
만, 여전히 남포동 BIFF광장(구 PIFF광장)은 극장가로서 부산을 대표
하는 장소입니다.

BIFF광장을 중심으로 화려하게 형성된 거리는 이제 영화와 쇼
핑, 유흥이 어우러진 복합 놀이 공간이 되었습니다. 하지만 남포동
의 역사는 실핏줄처럼 이어진 골목길만큼이나 구구절절한 사연을
품고 있습니다.

1876년 개항된 부산은 일본인 거류지인 광복동을 중심으로 서

구의 신문화가 유입되었습니다. 1903년 이곳에 행좌와 송정좌라는 극장이 시민들의 대중문화 공간으로 개관하면서 부산 최초로 영화가 상영되었지요. 프랑스에서 처음 영화가 상영된 지 9년 만의 일이라고 하니, 부산의 영화 문화는 세계적으로 봐도 꽤 일찌감치 시작된 것입니다.

1914년부터 욱관, 보래관, 행관, 상생관 등이 탄생하면서 부산의 극장 문화를 이끌었습니다. 행관이 폐관된 뒤에는 보래관과 이웃한 남포동에 1931년 소화관(후일 동아극장), 1934년 부산극장이 개관했습니다. 뒤이어 1957년 제일극장, 1961년 동명극장, 1969년에는 부영극장과 국도극장 등이 생기면서 부산 영화 문화의 중심 역할을 했고, 이들은 오늘날 BIFF광장의 모태를 이루었습니다.

해방 이후 한국전쟁기에도 이곳은 우리나라를 대표하는 극장 문화의 중심가였고, 그중에서도 부산극장은 임시수도의 국회의사당

멀티플렉스가 되기 전의 부산극장(왼쪽), 광복동으로 이어지는 골목길(오른쪽)

◯ 광복동 국제시장과 남포동 자갈치시장

으로 사용되었으며 전쟁 통에 밀려온 피란민들이 연락처를 주고받는 장소로도 쓰였습니다. 1970년대에는 남포동이 민주화 시위의 근거지 역할을 하기도 했습니다. 부산 길은 해안을 따라 길게 이어져 동래-서면-부산진-남포동에 이르는 외길을 형성하고 있는데, 시위대는 남포동에서 근처 광복동으로 이어지는 골목길을 이용해 모였다 흩어지기를 반복하는 게릴라 시위로 경찰을 따돌렸다고 합니다.

이처럼 부산의 근·현대사를 품은 남포동은 부산국제영화제의 시작으로, 복합상영관 시대가 열린 지금도 부산 영화의 전통을 이어가는 동시에 여전히 시민들의 문화공간으로 자리 잡고 있습니다. 참고로 광복동은 해방 이후 일본인들이 가장 많이 살던 곳으로 원래는 행정幸町으로 불렸으나 조국 광복을 기린다는 의미로 지명을 바꾼 것입니다. 남포동은 일제강점기에는 남빈정南濱町으로 불리다가 해방 이후 영도의 남항동과 구별하여 남포동이라는 이름을 갖게 되었습니다.

한편 부산국제영화제로 큰 인기를 얻은 남포동 BIFF광장 주변에는 자갈치시장과 광복동 국제시장이 있어서, 축제 기간 외에도 꾸준히 관광객들이 찾는 곳으로 지역 경제에 큰 보탬이 되고 있습니다.

기호학적 의미: 경관의 기호학

경관에 새겨진 의미를 해석하려면 경관 안에 새겨진 상징, 암호, 기호sign 등을 이해할 수 있어야 합니다. **기호학**semiotics이란 기호나 암호 등을 쓰고 읽는 방법을 연구하는 학문을 뜻합니다. 예를 들어 대학생이라는 정체는 그들의 옷차림이나 대화, 추임새 등에 담긴 '기호'를 통해 인식할 수 있습니다. 필자의 대학 시절을 되돌아보면, 당시에는 외국 대학의 로고가 새겨진 후드 티셔츠, 통이 넓은 바지나 면바지, 이스트팩Eastpak 혹은 잔스포츠Jansport 같은 브랜드가 새겨진 백팩이 대유행이었습니다. 그래서 이러한 외양을 갖추고 있으면 누가 굳이 알려주지 않아도 대강 대학생이라는 정체성이 드러났습니다.

⬭ 기호학적 의미의 예: 백팩, 후드티, 청청 패션 등 외양으로 대학생의 정체성을 파악할 수 있다.

마찬가지로 젊은 사람들과 나이 든 사람들이 쓰는 언어도 다릅니다. 일반적으로 신조어라고 하는 할많하않(할 말은 많지만 하지 않겠다), 대유잼(엄청나게 재미있다), 뽀시래기(어리고 귀여운 사람), 떡락(가치가 급격히 하락하는 것), 떡상(급상승하거나 폭등하는 것), 뿅뿅(어떤 것을 매우 사고 싶다), 부린이(부동산과 어린

이의 합성어로 부동산을 잘 모르고 매매하는 사람) 등의 단어는 상대적으로 젊은 층에서 사용됩니다. 이러한 것들을 포착해 내는 것을 기호학이라고 합니다. 경관, 공간, 장소 역시 수많은 기호를 내포하고 있습니다. 이를 통해 정체성, 가치, 신념, 믿음 등의 의미를 전달할 수 있다고 보고 경관의 기호를 찾아 읽고자 노력하는 것이 '경관의 기호학'입니다.

그렇다면 경관에서는 어떠한 기호, 즉 사인이 나타나는지 한번 찾아보고 그 의미를 해석해 보겠습니다. 먼저 백화점으로 가 볼까요? 백화점은 럭셔리하고 쾌적한 환경과 분위기를 조성함으로써 접근할 수 있는 사람과 그렇지 못한 사람을 구분하는 구조로 설계되어 있습니다. 이를 한마디로 말하면 '소비계층의 차별화'입니다. 시장이나 동네 마트를 갈 때는 대체로 부담 없는 편한 옷차림을 하지만, 백화점을 갈 때는 옷차림에 조금은 신경을 쓰게 됩니다. 그것은 백화점 경관이 지닌 고급스러운 분위기의 영향을 받기 때문입니다.

깔끔하고 멋지고 세련되게, 심지어 환상적으로 설계된 백화점의 경관에는 "이곳, 멋지죠? 여기엔 예쁘고 좋은 물건이 가득하답니

◯ 환상적이고 세련된 분위기를 연출하는 백화점 외부와 내부 경관

다. 어서 물건 혹은 선물을 구입하세요!"라는 사인, 즉 소비를 조장하는 기호가 내재되어 있습니다. 우리는 우리도 모르게 경관에 담긴 사인을 인식하게 되고, 이 멋지고 환상적인 공간 속에서 이것저것 소비를 하는 것입니다.

도시계획의 측면에서도 경관의 기호학을 찾아볼 수 있습니다. 그 사례로 브라질의 **계획도시**이자 현 수도인 브라질리아를 살펴보겠습니다. 1960년, 브라질리아는 살바도르(첫 번째 수도)와 리우데자네이루(두 번째 수도)에 이어 브라질의 세 번째 수도가 되었습니다. 허허벌판이던 브라질 중서부 고원 지역에 새롭게 수도를 세운 목적은 크게 세 가지였습니다. 첫째는 리우데자네이루와 상파울루 등 동남부 해안 도시에 집중된 인구를 분산하는 것, 둘째는 국가의 내륙 지역을 개발하는 것, 셋째로는 과거의 식민지 잔재를 청산하는 것입니다. 다시 말해, 유럽 식민지가 아닌 엄연한 독립 국가로서 새로운 브라질을 상징화하기 위해 신수도를 계획했습니다.

하지만 종교적으로 보면 이미 유럽 문화의 확산이 이루어졌다고 볼 수 있습니다. 유럽 식민지 시절에 유입된 가톨릭을 믿는 사람이 2020년 기준으로 브라질 인구의 64% 이상을 차지하고 있기 때문입니다. 이를 반영하기라도 하듯 브라질리아 도시계획은 신성을 의미하는 십자가 모양을 초안으로 삼았습니다. 도시계획가인 루시우 코스타Lucio Costa와 건축가 오스카 니마이어Oscar Niemeyer가 설계한 이 초안은 십자가(가톨릭 신앙)를 상징하기도 하지만, 커다란 비행기와도 유사한 모습으로 신수도 브라질리아에 새로운 의미를 부여합니다.

비행기 양 날개 사이인 중심부에는 대통령 집무실, 국회, 정부청

🔵 브라질 리우데자네이루의 상징물인 예수상(왼쪽), 브라질리아의 위치(오른쪽)

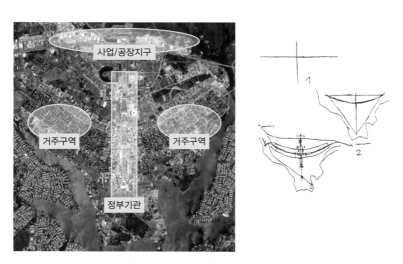

🔵 루시우 코스타가 설계한 브라질리아: 십자가와 비행기를 형상화한 모습으로 계획 도시의 면모를 보여준다.

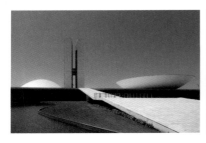

⬭ 브라질리아의 근대적 건축양식: 국회의사당(왼쪽), 정부청사 건물(오른쪽)

사 등의 정부기관이 배치되어 있습니다. 이는 비행기 조종석에 앉은 파일럿처럼 국가를 올바르게 운영하라는 사인이 내재되어 있습니다. 양쪽 날개에는 주거지역과 상가들이 있는데, 이곳에는 비슷비슷한 높이의 4~6층 아파트들과 상가들이 줄지어 있어 경관상으로도 계획도시임이 확연히 드러납니다.

브라질리아의 건물들(정부기관 포함)은 대체로 유럽식 전통을 거부하는 근대적 건축양식으로 지어졌다는 것도 특징입니다. 이처럼 브라질리아에 내재된 다양한 의미들은 브라질리아가 1987년 유네스코 세계유산으로 등재되는 데 큰 역할을 했습니다.

마지막으로 우리나라에도 경관의 기호학을 적용해 보겠습니다. 우리나라의 권력 중심지 하면 떠오르는 곳이 바로 종로입니다. 종로는 '정치 1번지'라고 부를 만큼 조선 시대의 경복궁부터 일제강점기의 조선총독부, 현재의 청와대에 이르기까지 우리나라의 권력 중심부로 자리매김해 왔습니다.

고려 때 숙종은 한양을 남경으로 삼아 이곳에 이궁을 만들었고, 이후 조선이 건국되면서 경복궁이 지어졌는데 이궁이 있던 자리는 세종 8년(1426년) 경복궁의 후원으로 조성되었습니다. 왕가의 휴식처로 사랑받던 후원에는 서현정, 연무장 등이 들어섰지요.

그러다 임진왜란 때 완전히 폐허가 되어 270여 년간 방치되었다가, 고종 2년(1865년) 흥선대원군 때 경무대로 조성되면서 창덕궁 후원의 춘당대 뒤를 이어 인재를 등용하는 과거장의 기능을 이어갔습니다. 일제에 국권을 빼앗긴 이후에는 경복궁과 후원 역시 수난을 겪었습니다. 1929년 조선총독부는 경복궁과 후원 자리에서 조선박람회를 개최했는데, 이때 이곳에 있던 건물 대부분이 철거되었습니다.

수모는 여기에 그치지 않았습니다. 후원 자리에 조선 총독의 관저를 지었고, 경복궁 근정전(왕이 업무를 보던 곳) 바로 앞에는 조선총독부 건물이 들어서면서 앞을 가로막았습니다. 조선 총독 관저는 광복 이후 주한미군 사령관의 관저로 쓰였고, 1948년 대한민국 정부 수립 이후에는 이승만 대통령의 관저로 사용되어 경무대라고 불렀습니다. 이는 경복궁 후원에 있던 경무대를 그대로 따온 이름입니다.

▢ 옛 조선 총독 관저와 그 위치: 경무대로 사용되었으며 현재 이곳에는 청와대가 들어서 있다.

1 일제강점기
  광화문이 파괴되고 총독부 건물이 지어지면서 경복궁 근정전이 보이지 않게 되었다.

2 해방 이후
  광화문이 복원되었으나 여전히 총독부 건물이 남아 중앙청, 국립중앙박물관으로 쓰였다.

3 1990년대 중반
  조선총독부 건물의 철거 작업이 진행되었다.

4 1990년대 후반
  광화문 앞의 세종로가 확장되고 '광화문-근정전-청와대'가 한눈에 보인다.

5 2000년대
  광화문 앞 세종대로에 광화문 광장이 조성되면서 지금의 모습이 되었다.

⬭ 조선총독부 건물 철거와 경관 변화

144

이승만 대통령의 뒤를 이은 윤보선 대통령은 당시 경무대의 기와가 파란색이라는 점에 착안해 '청와대'로 이름을 바꿨습니다. 청와대의 본관과 관저는 1991년 노태우 대통령이 신축한 이래 김영삼, 김대중, 노무현, 이명박, 박근혜, 문재인 대통령이 사용했습니다. 그 사이 1995년 조선총독부 건물은 철거되었고 총독 관저 역시 철거되었지요. 2022년 윤석열 대통령이 취임하면서 청와대가 시민들에게 개방되었습니다.

조선총독부 건물이 철거되기 전에 이 건물은 중앙청과 국립박물관으로 이용된 적이 있습니다. 총독부 건물을 철거하면서 남은 잔해는 현재 충남 천안의 독립기념관 한편에 총독부를 상징하던 첨탑과 함께 전시되어 있습니다. 서러운 역사를 잊지 말자는 사인이겠지요.

◯ 조선총독부 건물의 잔해: 조선총독부의 상징인 첨탑이 독립기념관에 전시되어 있다.

종교적 의미: 신성공간

종교적 경험을 느끼게 하거나 종교 행사가 일어나는 장소를 **신성공간**이라고 하는데, 보통 개인이나 집단에 의해 특별한 관심을 가질 만한 가치가 있다고 인식된 공간을 가리키는 말입니다. 신성공간은 신비한 영적 경험을 느끼게 하는 공간으로서 특별한 의미가 부여됩니다.

신성공간은 자연발생적으로 생겨나지 않습니다. 특정 장소에 개인이나 집단이 그들의 가치나 믿음에 따라 신성의 의미를 부여함으로써 형성되는 것이지요. 따라서 크게는 사찰, 성당과 교회, 사원 같은 종교적인 공간은 물론 작게는 제사를 지내는 곳, 묘지, 지석묘, 굿이 행해지는 곳, 성황당, 고해성사실 등도 신성공간에 포함될 수 있습니다.

신성공간의 다양한 예를 살펴보면, 대만의 사찰은 우리나라와는 달리 시내에 위치한 경우가 많습니다. 대만에서 가장 오래된 사찰로 알려진 용산사 역시 수도인 타이베이 중앙에 자리하고 있습니

◯ 용산사의 모습: 대만에서 가장 오래된 사찰로, 신성공간이면서도 사람들의 일상생활 가까이 입지해 있다.

다. 대만 인구의 60%는 불교 신자이지만 기복신앙 성향이 매우 강합니다. 도교, 불교, 민간신앙이 혼합된 형태로 발달했지요. 그래서 불교의 부처와 도교의 도사, 각종 귀신을 함께 모시는 사당과 사찰이 많고, 도사와 귀신을 모시는 묘 등도 사람들의 일상생활 가까이에 입지해 있습니다. 관광객들도 많이 찾는 유명 사찰인 용산사의 붉은 대문은 대만의 화려한 불교 문화를 보여주며, 내부에 가득한 연기는 그들의 간절한 신앙심을 느끼게 합니다.

우리나라에서는 경북 안동이 대만의 예처럼 전통적인 유교 문화와 토속신앙이 함께 전해 내려오는 곳이라고 할 수 있습니다. 그 일환으로 간혹 굿판이 행해지기도 합니다. 이처럼 동적으로 신앙이 강하게 표현되는 경우도 신성공간에 해당하지만, 상대적으로 정적인 의미가 부여된 묘지나 무덤 등도 중요한 신성공간이 될 수 있습니다.

강화 부근리에 있는 지석묘는 화강암으로 이루어진 북방식 고인돌로 유네스코 세계문화유산에 등재된 무덤입니다. 이 고인돌의

⬭ 묘지: 강화 지석묘(왼쪽), 국립서울현충원 공동묘지(오른쪽)

출처: 나만의 문화유산 해설사

석재를 옮겨 축조하려면 최소 1,082명의 인력이 동원되어야 가능하다고 알려져 있습니다. 선사시대 부족장의 무덤으로 위풍당당한 위세를 자랑하는 고인돌의 모습에서 당시의 권력이 전해집니다.

국립현충원에는 국군, 장군, 애국지사, 국가유공자 등의 묘역이 있습니다. 이곳 역시 국가를 위해 희생하신 분들을 추모하고 기도하는 공간으로서 신성공간에 해당합니다. 마찬가지로 유네스코 세계문화유산에 등재된 종묘 역시 신성공간으로 볼 수 있습니다. 종묘는

⬭ 유교 신전인 종묘의 정전(왼쪽), 어숙실(오른쪽)

◯ 블루모스크의 외부와 내부

역대 조선 왕과 왕후의 신위神位를 모시고 제향을 올리는 유교적 전통 신전으로, 조선 태조 4년(1395년)에 지어졌으며 이후부터 매년 이곳에서 종묘제례의식을 거행하고 있습니다. 그중에서도 정전은 종묘의 중심 건물로 왕과 왕후의 신위가 모셔져 있는 가장 신성한 공간입니다. 어숙실은 왕이 제례를 올리기 전에 목욕재계하며 제례를 준비하던 곳으로 역시 신성공간에 해당합니다.

'용감한'이라는 뜻을 지닌 나라 튀르키예에는 이슬람 사원이 3천여 곳에 달합니다. 가장 유명한 이슬람 사원은 이스탄불에 있는 술탄 아흐메트 모스크Sultan Ahmed Mosque로, 많은 사람이 블루모스크 Blue Mosque라는 이름으로 부릅니다. 사원 내부가 파란색과 녹색의 타일로 장식되어 있기 때문입니다. 이 모스크는 튀르키예를 대표하는 사원으로 세계에서 가장 아름다운 모스크라는 평가를 받고 있습니다.

오스만튀르크 제국의 제14대 술탄 아흐메드 1세가 1609년에 짓기 시작해 1616년에 완공한 블루모스크에는 첨탑(미나레트minaret) 6개가 우뚝 서 있습니다. 이 첨탑들은 술탄의 권력을 상징하는 동시에 이슬람교도가 지키는 1일 5회 기도를 뜻하기도 합니다. 실제로도 수백 명의 이슬람교도가 이 장소에서 하루 다섯 차례씩 매일 기도를 올리는 모습을 볼 수 있는데 최대 1만 명 이상이 예배를 드릴 수 있는 어마어마한 규모를 자랑합니다. 금요일이나 축제 기간에는 평소보다 훨씬 더 많은 이들이 찾는다고 알려진 신성한 공간입니다.

사원 앞 정원에는 언제나 화사한 꽃과 푸르른 잔디가 펼쳐져 있어 이슬람교도가 아닌 사람들은 물론, 개와 고양이 같은 동물까지도 이곳에서 평화로운 일상의 휴식을 누릴 수 있습니다. 그런 의미에서 블루모스크는 이슬람의 신성공간일 뿐만 아니라 종교적·평화적 상징의 경관이자 일상적 경관이기도 합니다.

'찬란한 무덤'이라 불리는 타지마할Tāj Mahal 역시 세계적으로 유명한 신성공간입니다. 인도의 대표적 이슬람 건축인 타지마할은 인도 아그라Agra의 남쪽, 자무나Jamuna 강가에 자리 잡은 궁전 형식의 묘지입니다. 무굴제국의 황제였던 샤 자한Shah Jahan이 왕비 뭄타즈 마할Mumtaz Mahal을 추모하기 위해 건축했습니다. 건물 및 입구에 있

⬭ 블루모스크 앞 잔디밭의 개와 고양이: 튀르키예의 블루모스크는 신성공간인 동시에 평화를 상징하는 일상적 경관을 보여준다.

⬯ 이슬람 사원이자 묘지인 타지마할(왼쪽), 대리석에 흠이 가지 않기 위해 신어야 하는 비닐 덧신(오른쪽)

는 수로와 정원의 완벽한 좌우대칭은 균형미와 정갈함을 느끼게 합니다. 당시 무굴제국은 물론 이탈리아, 이란, 프랑스를 비롯한 외국의 건축가와 전문 기술자들이 불려오고 기능공 2만 명이 동원되어 22년간 대공사를 한 결과물입니다. 최고급 대리석과 붉은 사암이 특징인 이 건축물의 궁전을 장식하고 있는 보석들은 인도 현지에서뿐만 아니라 튀르키예, 티베트, 미얀마, 이집트, 중국 등 세계 각지에서 조달하거나 수입한 것입니다.

그래서인지 타지마할을 찾은 사람들은 이 공간이 주는 신성한 의미와 만든 이들의 정성에 누가 되지 않도록 반드시 비닐 덧신을 신고 입장해야 합니다. 그들의 종교와 문화에 예를 갖추는 것은 어쩌면 당연한 일일 것입니다.

2019년, 원인 미상의 화재로 지금은 폐쇄된 프랑스 파리의 노트르담 대성당Cathédrale Notre-Dame de Paris은 건축 자체에서 우러나오는 아름다움과 웅장함, 그리고 내부의 화려한 장미 장식 문(스테인드글라

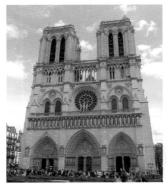

◯ 2019년 화재 이전 노트르담 대성당의 외부와 내부

스)으로 투과되어 비추는 빛을 통해 신의 위대함과 신성함을 느끼게 하는 공간입니다. 참고로 노트르담Notre-Dame은 프랑스어로 성모 마리아를 뜻합니다. 파리 센강 일대의 자연환경 및 그 주변 문화유산인 에펠탑, 루브르 박물관 등과 함께 유네스코 세계유산으로 지정된 노트르담 대성당은 1163년부터 180여 년에 걸쳐 완성된 프랑스 고딕 건축물의 최고 걸작입니다. 영화 〈레미제라블〉(2012), 빅토르 위고의 《노트르담의 꼽추》(1831) 등 문학 작품의 배경이었고, 나폴레옹 1세의 대관식이 행해진 역사적 사건의 장소라는 점에서 인지도와 명성만큼은 프랑스 제일로 꼽히는 곳이지요.

현재는 화재로 인해 소실된 부분의 복원 작업을 진행하고 있으며 2024년 파리 하계 올림픽 개최 전까지 복구를 완료할 계획이라고 합니다. 예전의 모습을 되찾기를 바라는 많은 사람의 뜨거운 기도만큼이나 다시 아름다운 모습으로 복원되기를 희망하며, 앞으로도 이 공간이 주는 신성성과 이름이 주는 가치는 영원할 것입니다.

— 그린라인 　— 서안지구 장벽 　— 예루살렘 경계

🔘 팔레스타인 관할　⚫ 팔레스타인 시가지

　이스라엘 군 통제 　🔘 유대인 정착 및 이스라엘 경계

⚫ 유대인 정착촌

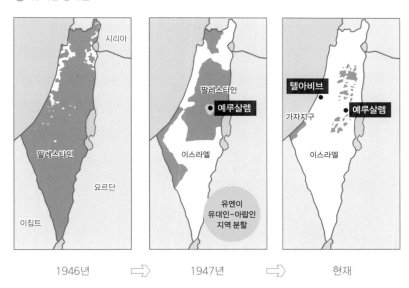

| 1946년 | ⇨ | 1947년 | ⇨ | 현재 |

🔵 예루살렘 위치와 예루살렘의 성소인 바위의 돔(위), 이스라엘과 팔레스타인의 영토 변천 과정(아래)

지리를 알면 보이는 경관 　**153**

앞선 사례들처럼 신성공간은 관광객들과 순례자들의 유명한 방문지가 되기도 하지만, 팔레스타인과 이스라엘 간 분쟁에서 볼 수 있듯이 갈등의 공간이 되기도 합니다. 대표적으로 예루살렘이 그렇습니다. 예루살렘은 이슬람교, 유대교, 기독교 공통의 성지이기 때문에 종교 간 충돌이 잦은 곳입니다. 그중 '바위의 돔'은 이 분쟁이 상징화된 곳임과 동시에 신성한 공간으로 인식됩니다. 바위의 돔은 아브라함이 아들 이삭을 하나님께 제물로 바친 장소로, 예루살렘의 구시가지에 위치한 이슬람 성전이지만 유대교에서도 존중하는 곳입니다.

오늘날의 예루살렘은 이스라엘의 자국법상 수도이지만 이스라엘과 팔레스타인 모두 자신들의 수도라고 주장합니다. 서예루살렘은 1960년대에 가나안을 제패한 이스라엘 정부가 도심과 부도심을 실효 지배하는 행정수도이며, 동예루살렘은 1990년대에 비유대인 지역의 통치권을 인수한 팔레스타인이 동쪽의 농촌 지역을 실효 지배하는 법률상의 수도입니다. 유엔은 1948년 이스라엘 건국을 앞두고 열린 총회 결의안에서 '예루살렘을 국제법상 어떤 국가에도 속하지 않는 지역'으로 선포한 바 있습니다. 따라서 이스라엘의 외교부는 대부분 텔아비브에 위치합니다. 이러한 상황에서 2017년 12월, 미국 도널드 트럼프 행정부가 예루살렘을 이스라엘의 수도라고 발언하면서 아랍권은 물론 전 세계에서 거센 반발이 일어난 적도 있습니다.

이처럼 신성공간은 다른 문화적 산물과 마찬가지로 다양한 사람들에게 다양한 의미를 전달합니다. 이 사실은 특히 포스트모더니스트들에 의해 한층 더 중요하게 인식되었습니다.

포스트모던적 의미: 모더니티와 포스트모더니티

모더니티적 의미로서의 도시 경관은 1800년대 파리에서 시작되었습니다. 1853년 당시 파리 지사였던 오스만Baron Georges Haussmann이 대규모 도시 개조 사업을 벌이면서 파리는 방사형 도시구조가 되었습니다. 개선문을 중심점으로 삼아 폭넓은 대로를 만들고, 가로 양쪽에는 통일된 건축적 외관을 구축하여 근대 도시로 탈바꿈하면서 현재 파리 도시구조의 기초가 되었지요. 이러한 '파리 대개조 사업'은 공공성의 측면에서 도시 미관에 가치를 부여했습니다. 근대 도시계획의 제도적 관점에서 보면 건축 및 도시계획에 대한 미적 규정을 처음으로 만들었다는 의의를 지니기도 합니다.

하지만 이 과정에서 서민주택을 철거하고 새로 세운 주택들은 대부분 가격이 비싼 부르주아 주택으로 활용되었습니다. 이로 인해 파리는 부르주아 계층과 서민층의 거주지 분리가 심화되었습니다. 그럼에도 불구하고 이 사업은 유럽과 북미 등의 도시계획과 경관의 변화에 큰 영향을 미쳤습니다.

파리의 방사형 도시구조: 중심에는 개선문이 있다.

⬭ 개선문 앞의 대로 샹젤리제 거리

⬭ 샹젤리제 거리의 통일
된 건축들

◯ 모더니티 경관: 뉴욕 맨해튼의 마천루

현대 대도시 경관의 전형, 즉 외관상 특징은 모더니티 양식으로 불리는 장식 없는 직육면체의 마천루들이 도심부를 차지하는 모습일 것입니다. 모더니티는 이성, 과학적 합리성, 보편주의, 질서, 표준화, 기능 및 효율성 등을 강조한 것으로 세상에 대한 보다 적극적이고 실제적인 시각을 반영한 사상입니다. 전통적인 권위 대신 도시의 시민 생활과 기계문명을 향유하고자 하는 편리성과 효율성이 중시되었고, 도시뿐만 아니라 농촌에서도 '계획'의 의미가 적용되었습니다.

18세기 산업혁명 이후 급성장한 기술 발전으로 인구가 급증하고 산업이 발달하면서 모더니티가 가속화되었고, 19세기~20세기경 그 절정에 이르렀습니다. 이때 마천루를 비롯한 고가와 도로, 고속도로, 공항, 댐, 항구, 공업단지, 아파트단지 등이 대거 등장했고 경제적·사회적 발전을 이루었지요. 그런 의미에서 모더니티를 'Less is More(단순할수록 풍부하다)'이라고 표현하기도 했습니다.

하지만 1960년대 말부터 모더니티 양식의 공간에 대한 비판이 제기되었습니다. 모더니티는 어떤 기후, 문화, 도시에도 모두 적용할 수 있는 합성재료, 표준화, 효율적인 대량생산 등 균일하고 보편적인 것을 추구하기 때문에 몰개성화와 획일화를 유발하여 진부하고 건조한 경관만을 조성한다는 것이었습니다. 그런 의미에서 모더니티는 과거와 달리 'Less is Bore(단순할수록 지루하다)'이라는 평가를 받게 되었고, 이에 따라 **포스트모더니티** postmodernity가 등장했습니다.

많은 학자는 1960년대 말부터 1970년대 초반에 핵심지역의 경제가 제조업에서 고급 서비스 기반으로 변화했고, 세계화와 분절화가 계속 이루어지면서 문화가 바뀌었다고 보았습니다. 이러한 변화는 곧 '모더니즘에서 새로운 포스트모더니즘 시기로의 획기적인 이동'으로 이해할 수 있습니다.

포스트모더니티 경관: 왼쪽부터 서울 청담동 페라리 전시관, 삼성동 아이파크 타워, 도쿄 아오야마의 프라다 건물, 긴자의 미키모토 건물. 참고로 미키모토 건물은 치즈 빌딩이라는 애칭으로도 불린다.

포스트모더니즘 현상은 사회의 근대화 압력에 대한 반발이며, 과학과 산업의 가치에 전적으로 지배된 삶의 경향에서 벗어나려는 시도로 인식됩니다. 하지만 그렇다고 해서 현재의 사회가 모더니티의 근본적인 이익을 포기한다는 의미는 아닙니다.

　　포스트모더니티는 건축과 그 외 디자인 분야에서 다양한 과거의 요소들을 새로운 디자인과 결합하거나, 기존 양식을 무너뜨리고 다양한 건축을 시도하며 새로운 이익을 창출합니다. 포스트모더니티는 너무 광범위하고 절충적이어서 그 특징을 한 가지로 추출해 내기가 쉽지 않지만, 일반적으로 포스트모더니티는 모더니티가 갖는 보편성, 표준화, 획일성 대신 지역의 고유한 전통과 토착적 성격을 강조합니다. 단일한 가치나 의미보다는 다양한 가치나 다중적 의미를 찬미하며, 과거의 역사적 스타일과 현대적 스타일을 결합하는 등 여러 유행이 혼재된 이중적 양식을 선호하는 경향이 있습니다. 그런 의미에서 포스트모더니티를 '기호와 상징이 풍부한 스타일리시한 양식을 추구하는 경향'으로 정의하기도 합니다.

　　포스트모더니티를 나타내는 수많은 말이 있습니다. 합리성 고집에서의 탈피, 특수한 것 내지 특수주의, 반절대적 진리, 무질서와 혼돈, 개별화와 차별화, 자기표현적인 이미지 중시, 주관성, 반권위, 반본질, 반경직성, 탈중심화 또는 분산화, 주변적이거나 하찮은 것에 의미 부여, 잡탕주의 등입니다. 즉 포스트모더니티는 이들을 포함하는 표현이나 행동 양식을 아우르는 포괄적인 용어로 이해할 수 있습니다.

　　나아가 포스트모더니티는 사회적 현상의 탐구와 예술적인 표현, 정치적 힘의 분배 등 여러 이슈에 다양한 시각을 수용하여 세상

● 과거 양식과의 혼용이 이루어진 건물

● 주변 건물의 높이와는 달리
홀로 우뚝 선 고층 빌딩

● 거대한 킹콩이 매달린
노랑-검정 색조 대비의 빌딩

⬭ 포스트모더니티 경관: 서울 강남(압구정, 신사)의 건물들

을 인식하려는 경향으로도 볼 수 있습니다. 더불어 모더니티가 강조하는 획일적인 경제와 과학적 발전 추구를 거부하는 대신 '현재의 삶'에 부여하는 의미를 더욱 강조합니다.

따라서 포스트모더니티는 소비 지향적인 특징을 지니며, 특정 물품의 소유와 개성적인 소비 성향, 자의식이 강하게 표출되는 스타일을 중시합니다. 포스트모더니티는 여러 경관과 장소에서 다양하게 나타나고 있지만, 대체로 물질적으로 풍요로운 곳에서 드러나는 경향이 있습니다.

어떤 학자는 포스트모더니티를 핵심지역들의 정치경제학적 이해에 따른 가치 변화의 산물이라고 분석하며, 결국에는 포스트모더니티라는 것이 핵심지역(탈산업국가)의 경제가 문화적으로 포장된 형태일 뿐이라고 주장하기도 합니다.

워싱턴 D.C. 내셔널 몰에 담긴 미국의 아이덴티티

워싱턴 D.C.는 미국의 수도입니다. 정식 명칭은 워싱턴 컬럼비아 특별구Washington District of Columbia이며, 이를 워싱턴 D.C.라고 줄여 부릅니다. 워싱턴 D.C.는 어느 주에도 속하지 않는 특별구역으로 미 서북부에 있는 워싱턴주와는 다른 곳입니다. 백악관과 국회의사당, 연방 대법원을 포함한 많은 연방 정부의 주요 관청이 있으며, 174개 국가의 대사관과 국제통화기금(IMF), 세계은행World Bank 등 각종 국제기구의 본부가 있는 국제 정치와 외교의 중심지이기도 합니다.

영국으로부터 독립을 선언한 1776년 당시 미국의 수도는 필라델피아였으나 의회에서 천도(遷都. 수도를 옮기는 것)론을 제기했습니다. 그 결과 초대 대통령인 조지 워싱턴 시절, 영토 남단(농업 중심)과 북단(상업 중심)의 중간 지점인 포토맥 강변에 위치한 워싱턴 D.C.가 새 수도로 결정되었습니다. 이곳에는 완전한 지방 자치권이 부여되어 있지 않았습니다. 1967년까지는 대통령이 임명하는 3명의 위원

⬭ 워싱턴 D.C.의 위치

출처: 구글 맵

이 수도의 행정을 담당하다가 1974년부터 주민의 선거로 시장이 선출되고 있습니다.

이제 철저한 계획도시로 만들어진 워싱턴 D.C.의 경관을 워싱턴 D.C. 내셔널 몰 중심으로 텍스트화하는 연습을 해보겠습니다. 워싱턴 D.C. 내셔널 몰의 경관에는 미국의 자유와 평등 사상이 강조되어 있고, 국가적 자존심과 독립의 상징이 함께 내재되어 있습니다. 이런 것들을 어떻게 알 수 있을까요? 바로 내셔널 몰에 놓인 건물들의 의미와 위치를 보면 알아낼 수 있습니다.

내셔널 몰 중심에는 링컨기념관, 워싱턴 기념비(워싱턴 기념탑), 미국 국회의사당 건물이 일직선으로 놓여 있습니다. 주목할 점은 이 건물들 사이에 절대로 그 어떤 다른 건물이나 물건을 놓을 수 없도록 법으로 규정해 놓았다는 것입니다. 그만큼 미국은 이 건물을 중요하게 생각하며 수도로서의 상징과 위엄이 깃들게 하려고 노력합니다. 이들 중심에서 살짝 비켜난 위치에는 백악관, 제퍼슨 기념관

지리를 알면 보이는 경관　　　**163**

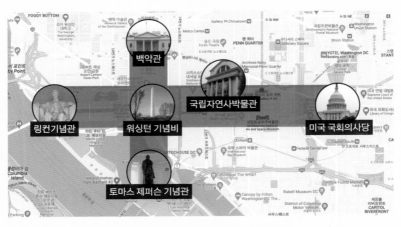

백악관

국립자연사박물관

링컨기념관

워싱턴 기념비

미국 국회의사당

토마스 제퍼슨 기념관

⬭ 워싱턴 D.C. 내셔널 몰(녹색 지대)과 그 안의 주요 건물들

출처: 구글 맵

을 비롯한 여러 박물관과 갤러리가 있습니다.

일단 내셔널 몰의 중심에 있는 링컨기념관과 워싱턴 기념비, 국회의사당을 살펴보겠습니다. 건물의 이름에서도 알 수 있듯이 이들 건물은 각각 미국의 16대 대통령인 링컨, 초대 대통령인 워싱턴, 그리고 국민(국회의사당은 국민이 뽑은 상·하원의원이 주재하는 건물이므로)을 상징합니다. 미국인이 가장 존경하는 대통령 두 명과 국민이 중심 라인을 구축하고 있는 것이지요. 이는 미국인이 존경하는 대통령에 대한 절대적인 존경심과 미국의 권위를 드러내고, 동시에 국민이 이들 대통령과 같은 위치에 있음을 상징합니다. 이를 통해 평등 사상을 기조로 하는 나라임을 드러내는 것입니다.

중심 라인 주위로는 여러 박물관과 갤러리가 있습니다. 일반적으로 박물관과 갤러리에 전시된 작품들의 수와 규모는 국력을 상징합니다. 박물관과 갤러리에 전시된 물품이나 작품들은 대체적으로 역사적·경제적 가치를 지니고 있으므로 그 수와 규모가 크다는 것은 결국 국력이 강함을 나타낸다고 볼 수 있습니다. 따라서 워싱턴 D.C. 내셔널 몰 가장자리에 위치한 여러 박물관과 갤러리들은 미국이 그만큼의 전시물을 보유할 만한 힘이 있다는 것을 간접적으로 드러냅니다.

한편, 내셔널 몰에 있긴 하지만 중심 라인에서 한참 벗어난 위치에는 백악관과 토머스 제퍼슨 기념관이 있습니다. 특히 현 대통령의 집무 공간인 백악관은 중심 라인에 있지 않습니다. 즉 링컨 대통령이나 워싱턴 대통령과 한자리에 있지 않다는 말입니다. 이는 곧 현재 대통령이 링컨 대통령이나 워싱턴 대통령과 같을 수 없음을 의미합니다. 다시 말해 국민을 위해 일하는 직책을 맡은 자로서 국민보다 위에 있지 않음을 기억하라는 의미를 내포하고 있는 것이지요.

토머스 제퍼슨은 미국의 독립선언서를 채택·공포했으며 미국의 법을 제창한 사람입니다. 그래서인지 토머스 제퍼슨 기념관 안에 세워진 그의 동상은 일반적인 동상들이 정면을 바라보고 있는 것과는 달리 약간 옆을 보는 모습으로 만들어졌습니다. 정확히는 제퍼슨 동상의 눈이 백악관 방향을 바라보고 있지요. 이는 미국의 법을 제창한 사람으로서 '현재 대통령이 권력을 남용하는 것을 항상 견제하고 있겠다!'라는 의미를 함축하고 있습니다.

링컨기념관

링컨기념관은 미국의 16대 대통령 에이브러햄 링컨을 기리는 공간으로 파르테논 신전에서 영감을 받아 만들어졌습니다. 링컨기념관에는 모두 36주의 기둥이 세워져 있는데, 이는 링컨 암살 당시

⬭ 링컨기념관과 기념관 내부의 링컨 조각상

36개 주가 있었기 때문에 이를 상징하기 위해 세운 것입니다.

또한 이곳에는 압도적인 크기의 링컨 조각상이 놓여 있습니다. 그 크기만큼이나 링컨 대통령을 존경하는 마음을 담은 것이지요. 벽에는 게티스버그의 연설문이 적혀 있는데, 많은 이들이 알고 있는 '국민의, 국민에 의한, 국민을 위한 정부'라는 문구도 볼 수 있습니다. 이 연설문은 272단어와 10문장으로 이루어져 있으며 당시 링컨 대통령이 약 2분간 연설한 것으로 알려져 있습니다.

워싱턴 기념비

워싱턴 기념비는 초대 대통령 워싱턴을 기념하기 위해 만들어졌습니다. 법에 '워싱턴에서 가장 높은 탑'으로 워싱턴 기념비를 규정해 놓았기 때문에 워싱턴 D.C.에서 이보다 더 높은 건물은 건축 허가를 받을 수 없습니다. 미국의 수도임에도 불구하고 워싱턴 D.C.에서 고층 빌딩을 찾아보기 힘든 이유입니다. 높이는 170m이며 세

계 유수의 오벨리스크(고대 이집트 왕조에서 태양신을 기리며 세운 방첨탑) 형
태로 지어져 시내의 거의 모든 곳에서 보입니다. 그러한 의미에서
워싱턴 기념비는 국가와 국민에 대한 존경을 담고 있는 상징적 건축
물입니다.

　　기념비 건설에는 화강암과 대리석이 사용되었는데, 무려 37년
에 걸쳐 세웠기 때문에 같은 돌이라도 하단과 상단의 돌 색깔이 확
연히 다릅니다. 착공한 지 30여 년이 훌쩍 지나도록 완공이 늦어진
것은 자금이 부족했던 데다가 1861~1865년에 발발한 남북전쟁으로
공사가 여러 번 중단되었기 때문입니다. 우여곡절 끝에 1885년 2월
21일 완공되었는데, 당시에는 세계 최고층의 경이로운 건축물이었

⬭ 하단은 흰색을 띠지만 상단은 노란색에 가까운 워싱턴 기념비. 주변에는 50개의
성조기가 보인다.

으나 불과 1년 만에 워싱턴 기념비보다 높은 파리 에펠탑이 완공되었습니다. 워싱턴 기념비 주변에는 50개의 성조기가 세워져 있는데 이는 현재 미국의 50개 주를 상징합니다.

초고속 엘리베이터를 타면 불과 70초 만에 153m 지점에 위치한 전망대까지 올라갈 수 있습니다. 워싱턴 기념비의 전망대에서는 동쪽으로 국회의사당, 서쪽으로 링컨기념관과 알링턴 국립묘지, 북쪽으로 백악관까지 시내 전체를 내려다볼 수 있어 내셔널 몰의 상징과 힘의 경관을 이곳에서 한눈에 검증해 볼 수 있습니다.

국회의사당

미국 상·하원이 주재하는 돔 모양의 건축물로 미국 국민을 상징합니다. 1793년 9월에 착공하여 1800년 11월에 완공되었습니다. 돔 아래에 있는 대형 홀에는 미국 역사의 주요 장면이 그림으로 장식되어 있습니다. 특히 홀의 중앙 천장화에는 조지 워싱턴을 신격화

⬭ 미국 국회의사당과 내부의 천장화. 빨간색 동그라미 안에는 신격화된 조지 워싱턴의 모습이 보인다.

한 그림이 있는데 그 옆에는 자유의 여신, 승리의 여신과 당시 13개 주를 상징하는 여신까지 총 15명의 여신이 그려져 있습니다.

워싱턴을 신격화한 이 천장화가 유럽콤플렉스적인 작품이라는 비판도 있지만, 당시 왕권 없이 국가를 세운 나라는 미국이 처음이라는 것을 고려하면 대통령의 위엄을 나타내는 수단으로 그 작품을 그린 것이라는 해석이 더 신빙성이 있습니다. 즉 유럽콤플렉스라기보다는 초대 대통령을 향한 추앙의 의미로 보아야 한다는 것입니다.

백악관

화이트 하우스The White House로 부르기도 하는 백악관은 미국 대통령의 관저입니다. 조지 워싱턴 재임 당시 열린 디자인 공모전에서 채택되어 건설을 시작했으나 처음 입주한 대통령은 조지 워싱턴이 아닌 2대 대통령 존 애덤스였습니다. 백악관에서 거주하는 미국의 대통령은 일반적으로 알려진 것처럼 공짜로 사는 것이 아닙니다. 즉 국민 세금으로 충당하는 것이 아니라 말 그대로 '내돈내산'인데, 대통령 월급에서 백악관 생활비가 차감되는 형태라고 합니다. 이러한 부분에서도 예외 없이 평등의 의미가 적용되는 셈입니다.

백악관은 철제 담장으로 이루어져 있어 이곳을 방문하는 사람들은 누구라도 백악관을 쉽게 쳐다볼 수 있습니다. 그만큼 대통령 역시 일반 사람들과 다를 바 없다는 것을 의미합니다. 누구나 안을 들여다볼 수 있는 것처럼 미국 정치가 투명하다는 것을 강조하려는 목적으로도 볼 수 있습니다. 실제로 철제 담장 너머 보이는 중앙 관저를 배경으로 많은 방문객이 인증샷을 찍곤 합니다.

그렇다고 해서 이곳이 안전하지 않은 곳은 아닙니다. 미국의 대

━━━ 관광객들로 붐비는 백악관 앞과 백악관 주변의 삼엄한 경비

통령이 사는 곳인 만큼 세계에서 가장 안전한 건물로 알려져 있으며, 최첨단 안보 시설을 구축하고 있기에 백악관 꼭대기를 자세히 들여다보면 저격수가 배치되어 있는 것도 확인할 수 있습니다. 미국의 역대 대통령을 봐도 암살을 당한 전력이 적지 않기 때문에 그만큼 경호가 강화되어 있다고 합니다. 실제로 백악관을 중심으로 약 24km 이내는 비행 금지 구역이 설정되어 있으며 백악관에는 핵폭발도 견딜 만큼의 핵 벙커가 존재한다고 알려져 있습니다. 유리 역시 방탄유리로 만들어져 있습니다.

백악관 투어도 있는데 한 달 전에만 예약하면 서재, 접견실, 만찬실 등 백악관 내부도 들여다볼 수 있습니다. 다만 실제로 사용하는 공간은 아니고 관광객들에게 백악관 모습을 대략적으로 소개하는 선에 그치긴 합니다. 이 때문에 세계에서 가장 따분한 투어로도 유명하지요.

⬭ 제퍼슨 기념관 뒤편, 정면이 아닌 45도로 백악관을 응시하는 제퍼슨의 시선

토머스 제퍼슨 기념관

토머스 제퍼슨 기념관은 독립선언서를 채택·공포하고 미국의 법을 제창한 미국 제3대 대통령 토머스 제퍼슨을 기리기 위해 만들어졌습니다. 일반적으로 기념관의 동상이 정면을 향해 있는 것과는 달리 제퍼슨 동상은 약간 각도를 달리해 만들어져 있습니다. 그의 시선이 향한 방향에는 백악관이 위치해 있습니다. 법을 제창한 사람으로서 제퍼슨은 항상 현 대통령의 권력 남용을 견제하겠다는 의미가 내재되어 있습니다.

스미스소니언 국립자연사박물관

박물관을 의미하는 영어의 뮤지엄museum, 프랑스어의 뮤제musée, 독일어의 뮤제움museum 등은 모두 고대 그리스의 뮤즈Muse 여신에게 바치는 신전 안의 보물 창고인 무세이온museion에서 유래한 단어입니다. 오늘날 일반적으로 말하는 박물관과 같은 기능을 가지

⬭ 국립자연사박물관의 내·외부(위), 공룡 화석과 호프 다이아몬드(아래)

게 된 것은 기원전 3세기경 이집트의 수도 알렉산드리아에 있었던 무세이온에서 비롯했는데, 이곳에서는 각종 수집품과 도서를 전시 하는 것으로 문학·철학·미술의 진흥을 꾀했습니다.

그 뒤 로마 시대에 들어와서는 가정용 소박물관이 많이 나타났 고, 중세 때는 사원이 곧 박물관 구실을 하면서 귀족이나 부호가 독 점하던 미술품과 기타 수집품들이 일부 예술가와 학자에게 공개되 었습니다. 근세에 이르러 인도 항로의 개통, 신대륙 발견, 문예 부흥 등으로 차차 시야가 넓어졌고 각종 자료를 수집하고 전시하는 등 근 대적인 박물관의 기능이 활발해졌습니다.

이 방대한 수집품들은 대학이나 공공 박물관 등으로 흘러 들어가 오늘날의 대형 박물관이나 대학 박물관이 세워진 토대가 되었습니다. 그 뒤 산업혁명과 부르주아 혁명의 영향으로 도시가 발전하면서 박물관이나 미술관 등의 설립이 늘어났고, 뒤이어 만국 박람회가 열리면서 각국은 박물관 발전에 더욱 박차를 가했습니다.

일반적으로 박물관의 규모와 수집·전시된 작품 및 물품의 수는 국가의 힘과 비례한다고 알려져 있습니다. 스미스소니언 국립자연사박물관은 공룡 전시물부터 희귀한 보석 전시까지 볼 수 있는 자연사박물관으로 엄청난 규모를 자랑하며, 그만큼 미국의 힘이 느껴지는 공간입니다. 이 자연사박물관은 워싱턴 D.C.의 주요 공공기관으로서 교육기관의 역할을 넘어 미국의 학술적 권위와 힘을 상징합니다.

4장

지리를 알면 보이는
경제

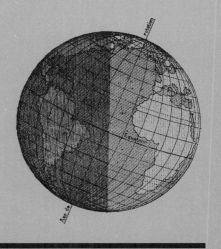

지리로 보는
세계의 빈부 격차

경제발전은 항상 지리적으로 불균등하게 나타납니다. 세계의 여러 국가 및 지역들은 저마다 다른 경제발전 과정을 거치고 있지요. 이러한 국가 및 지역 간의 상이한 경제발전 과정이 어떻게, 왜 발생하는지에 대해 인문지리학적으로 살펴보려고 합니다.

경제발전이란 특정 지역의 경제적 여건 향상 및 그 지역 경제의 특성과 구성 요소들의 변화 과정을 의미합니다. **경제성장**economic growth이 실질국민총생산과 같은 한 나라 경제의 양적 확대를 말한다면 경제발전economic development은 양적인 변화뿐만 아니라 그에 수반하는 질적·구조적 변화, 즉 생산구조나 여러 경제 제도의 장기적 변화까지도 포함하는 개념입니다.

경제발전 과정에 영향을 미치는 주요 요인으로는 지역 경제구조의 변화, 지역 경제조직의 변화, 기술의 변화 등이 있습니다. 예를 들어 농업 위주의 경제에서 공업 위주의 경제로 전환되는 것은 경제구조의 변화로 볼 수 있습니다. 한편 사회주의 경제체제에서 자본주의 경제체제로 전환되는 것은 경제조직의 변화라고 합니다. 과학혁명, 기계화 등으로 일컬어지는 일련의 상황들은 기술의 변화입니다.

경제발전은 이러한 과정을 통해 지역의 전반적인 경제적 삶의 질을 높입니다.

하지만 지리적인 관점에서 경제발전 과정을 조망할 때 가장 주목할 점은 경제발전 과정이 지리적으로 불균등한 패턴을 나타낸다는 것입니다. 보통 핵심지역들은 다양한 경제체제, 진보된 기술, 높은 생산성 등의 요인에 힘입어 수준 높은 경제적 번영을 누리고 있습니다. 이에 비해 주변지역 및 준주변지역들은 정치, 문화, 자연적 조건 등에 의해 상대적으로 낙후된 수준의 경제를 유지하고 있습니다.

앞에서도 잠시 언급한 것처럼 세계화로 인해 핵심지역과 주변지역이 골고루 발전하기도 하지만, 국가 간의 빈부 격차가 굳어진다는 반세계화 주장도 배제할 수 없다고 말한 바 있습니다. 여기에 한 가지 관점이 더 있습니다. 자유무역 확대와 자본 이동의 자유화와 같은 세계화가 진행될수록, 핵심지역과 주변지역은 어느 정도 혜택을 볼 수 있으나 오히려 준주변지역이 가장 심각한 타격을 입을 것이라는 주장입니다.

이 논리에 따르면 세계화의 진전으로 지식 중심 경제체제에 적응할 수 있는 전문인력과 저임금 경제체제를 떠받치는 노동력 계층은 살아남을 확률이 커지지만, 상대적으로 중간 계층이 설 땅을 잃게 됩니다. 마찬가지로 국제사회에서도 첨단기술을 가진 핵심지역과 값싼 임금을 토대로 상품을 생산해 내는 주변지역은 존립 기반을 찾을 수 있지만, 준주변지역 대열에 있는 국가들은 고전을 면하기가 어려울 것으로 전망합니다.

예컨대 동유럽 국가들은 아직 사회주의 체제에서 완전히 벗어나지 못하고 있고, 남미 국가들은 부정부패 구조를 청산하지 못하고 있는 것이 국가 발전을 저해하는 핵심 요소입니다. 따라서 이제는 이러한 준주변지역에도 관심을 가져야 한다고 말합니다.

이 주장이 완벽히 들어맞는다고 볼 수는 없지만, 실제로 유럽을 여행하면서 서유럽의 낭만적이고 여유로운 경관을 마주하다가 동유럽에 들어서면 생각보다 큰 화폐 가치 차이와 낡은 도시 경관에 놀라기도 합니다. 예를 들어 헝가리의 거리에서는 서 있는 차들 사이에 아무렇지도 않게 다가가 창문을 두드리며 돈을 달라고 요구하는 걸인을 쉽게 마주칠 수 있고, 사람의 손이 닿는 곳이면(주로 1층) 어디든 그래피티가 가득한 경관을 볼 수 있습니다. 이런 모습은 불안정한 도시 성장 과정에서의 혼란한 정체성 문제를 보여줍니다.

관광산업으로 유명한 체코와는 달리, 바로 옆 나라인 슬로바키아는 도시적인 풍경보다는 촌락의 전원적인 풍경이 훨씬 더 인상적이어서 상대적으로 낙후된 곳이라는 느낌이 듭니다. 동유럽의 이러

헝가리에서 흔히 볼 수 있는 1층의 그래피티와 자동차들 사이의 걸인

⬭ 슬로바키아의 촌락 경관들과 슬로바키아를 배경으로 하는 공포영화 〈호스텔〉
(2007)

지리를 알면 보이는 경제　　　　　　　　　　　　　　　　　　**179**

한 분위기는 우울하고 불안정한 경제적 상황과 연계되고 있습니다. 이를 반영하기라도 하듯, 여러 공포영화에서 동유럽은 무슨 일이 벌어질지 모르는 낯설고 무서운 상황이 연출되는 공간으로 등장하기도 합니다.

이러한 핵심지역과 주변지역을 가르는 대표적인 기준은 바로 **국내총생산**과 **국민총생산**입니다. 국내총생산(GDP)은 특정 연도에 특정 국가 내에서 생산된 총 재화와 서비스의 가치를 말하는 것입니다. 쉽게 말해 외국인이든 우리나라 사람이든 국적을 불문하고 우리나라 국경 내에서 이루어진 생산 활동을 모두 포함하는 개념입니다.

국민총생산(GNP)은 국내 소득과 해외에서 유입된 소득의 가치를 포함한 것으로, 다시 말하면 국내외에서 우리나라 국민이 생산한 것을 모두 합한 금액입니다. 우리나라 국민이 외국에 진출해서 생산한 것도 모두 국민총생산에 해당합니다.

그런데 우리나라 국민과 기업들의 해외 진출이 늘어나게 되면서 대외수취소득을 제때 정확하게 산출하는 것이 점점 어려워지게 되었습니다. 이로 인해 국민총생산의 정확성이 예전보다 떨어져 최근에는 경제성장률을 따질 때 GNP보다는 GDP를 사용하는 추세입니다.

다음 그림은 1인당 GDP를 한눈에 볼 수 있는 세계경제지도입니다. 2020년 기준으로 유럽, 북미, 오세아니아와 우리나라, 일본 등이 상위를 차지하고 있으며 역으로 아프리카와 남미 등의 지역은 하위권을 차지하여 지리적으로 불균등한 패턴이 나타나고 있다는 것을 한눈에 알 수 있습니다.

핵심지역과 주변지역 간 경제발전의 불균등한 격차를 보여주는

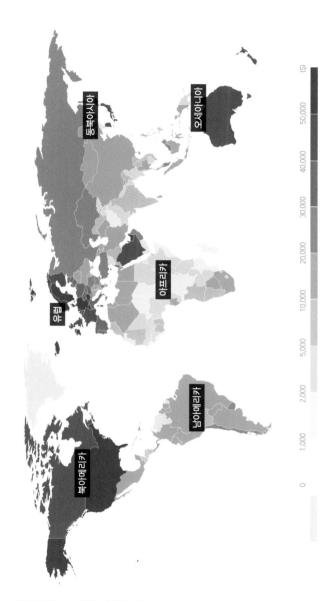

세계지도로 보는 국가별 1인당 GDP(회색은 데이터가 없는 지역)

출처: 세계은행(2020)

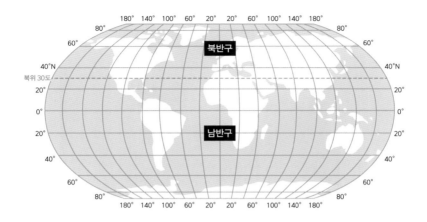

180° 140° 100° 60° 20° 20° 60° 100° 140° 180°

80°　　　　　　　　　　　　　　　　　　　80°

60°　　　　　　　　　　　　　　　　　60°

40°N　　　　　　　　북반구　　　　　　40°N

북위 30도

20°　　　　　　　　　　　　　　　　　20°

0°　　　　　　　　　　　　　　　　　　0°

20°　　　　　　　　　남반구　　　　　　20°

40°　　　　　　　　　　　　　　　　40°

60°　　　　　　　　　　　　　　　　60°

80°　　　　　　　　　　　　　　　　80°

180° 140° 100° 60° 20° 20° 60° 100° 140° 180°

⬭ 위도로 보는 지구적 차원의 불균등

또 다른 기준으로는 위도를 들 수 있습니다. 대략 북위 30도 정도를 기준으로 핵심지역들은 주로 북쪽에, 주변지역들은 남쪽에 위치하는 경향이 있습니다. 이에 따라 핵심지역들을 NORTH(북반구)로, 그리고 주변지역들을 SOUTH(남반구)로 간단히 칭하기도 합니다.

성에 따른 불평등은 핵심지역과 주변지역을 구분하는 또 다른 지표입니다. 이와 관련해 **성별권한척도**(GEM. Gender Empowerment Measure)라는 것이 있습니다. 성별권한척도는 한 국가 안에서 남성과 여성의 기회에 관한 불평등을 측정하는 기준으로, 유엔 개발 계획이 매년 인간개발지수(HDI. Human Development Index)를 발표하면서 내놓는 지표 중 하나입니다.

이는 여성의 정치 참여와 의사 결정, 경제활동과 관련 의결권, 수입(재력) 등 경제 자원에 관한 우위 등을 복합적으로 고려합니다.

그중에서도 여성과 남성의 지표를 행정직, 전문직, 기술직 등 분야별로 계산하고, 구매력을 기준으로 여성 노동자의 수입을 평가하여 측정합니다.

　이 성별권한척도를 나타내는 지도를 보면 남성과 여성의 차이를 비교했을 때 1 이상인 국가는 한 곳도 없습니다. 즉, 세계에서 여성이 남성을 능가하는 국가는 없습니다. 하지만 차이의 정도는 국가에 따라 다양하게 나타납니다. 예컨대 핵심지역인 스칸디나비아 국가(노르웨이, 스웨덴, 덴마크 등)와 호주, 뉴질랜드, 북미 등은 약 0.60 이상으로, 1에 상대적으로 가까운 수치를 보여 여성 수준이 높은 편으

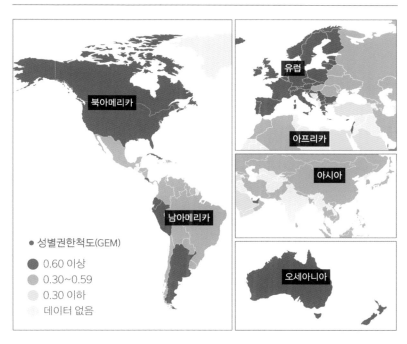

세계지도로 보는 성별권한척도

출처: UNDP (2020)

로 볼 수 있습니다. 이들 지역의 남녀 간 성차가 비교적 낮은 편이라는 것입니다.

하지만 상대적으로 남미와 아시아 등의 준주변지역은 약 0.30~0.59, 아프리카는 0.30 이하로 나타나 남녀 간 성차가 크게 나타납니다. 성에 따른 불평등 현상은 여성이 남성에 비해 국가의 경제발전에 기여하는 정도가 낮다기보다는 성차에 관련된 문화적 전통에 기인한다고 볼 수 있습니다.

다행히도 최근 핵심지역을 중심으로 여성이 경제·정치 등의 분야에 활발하게 참여하고 활동한 덕분에 성별권한척도가 높아지고 있습니다. 주변지역의 경우에도 여성 인력이 국가의 경제발전에 기여하는 바가 점차 높아지고 있기에 앞으로 변화될 가능성은 충분합

	세계	93,863,851
1	미국	22,675,271
-	유럽연합	17,127,535
2	중국	16,642,318
3	일본	5,378,136
4	독일	4,319,286
5	영국	3,124,650
6	인도	3,049,704
7	프랑스	2,938,271
8	이탈리아	2,106,287
9	캐나다	1,883,487
10	대한민국	1,806,707

세계 GDP 순위 (단위: 달러)

출처: IMF (2021)

니다. 다만 아직까지는 성별권한척도에 핵심지역-주변지역의 논리가 반영되어 있습니다.

이렇게 핵심지역-주변지역의 논리를 반영하는 지리적 불균등 속에서, 국가나 지역의 경제발전을 저해하는 구조적인 원인으로는 어떤 것이 있을까요? 천연자원의 부족, 역사적 불이익, 투자 부족, 비숙련 노동력의 집중 등을 들 수 있을 것입니다. 이러한 요인들은 국가 간 또는 지역 간 경제발전의 차이를 유발하는 근본적인 제약으로 작용합니다. 이에 따르면 우리나라의 경우 다른 나라에 비해 상대적으로 국토가 협소하고 천연자원이 부족한 편인데다, 역사적인 불이익까지 있던 나라로 볼 수 있습니다.

무엇보다 일제강점기에는 일본의 식민지 정책으로 인해 자원 유출이 극에 달했고, 광복 이후 전쟁으로 전 국토는 폐허가 되고 대부분의 산업 시설은 파괴되었습니다. 그러나 이후 한강의 기적으로 불리는 경제개발 5개년 계획 등으로 인해 우리나라는 오늘날의 모습으로 성장했습니다. 현재는 2021년 기준 세계 GDP 순위 10위에 오를 정도로 높은 경제성장을 이룩한 상태입니다.

입지는 어떻게
결정되는가

경제발전에서의 '지리'는 상업적·공업적인 입지 결정과 이 결정으로 입지된 경제활동들의 상호연관적 관계가 누적되어 나타난 결과를 말합니다. 따라서 경제발전의 지리를 이해하려면 산업과 기업의 구체적인 입지 원리를 알아야 합니다. 기업은 일반적으로 두 가지 지리적 비용, 즉 **절대적 입지 요인과 상대적 입지 요인**에 영향을 받습니다.

절대적 입지 요인

절대적 입지 요인은 지역의 고유한 입지 특성에 기인한 것입니다. 절대적 입지 요인 세 가지로는 **노동, 토지, 자본**이 있습니다. 첫 번째 절대적 입지 요인인 노동을 살펴보겠습니다.

노동집약적 산업은 총비용에서 노동자에게 지불하는 임금 및 보수가 차지하는 비중이 높은 산업을 의미합니다. 핵심지역들의 제조업 남성 노동자 평균임금은 시간당 15달러, 1년에 3만 달러 이상인 반면 대부분의 준주변지역(개발도상국)에서는 시간당 2.5달러 또는 1년에 5천 달러 이상이라고 합니다. 소위 '잘사는 나라들'의 노동 비용에는 임금 이외에 건강보험, 퇴직연금, 기타 수당 등 노동자들에게 추가로 지급되는 보수가 포함되지만, 상대적으로 잘살지 못하는 나라들은 이런 보수를 받지 못하는 경우가 많습니다.

두 번째 절대적 입지 요인은 토지입니다. 산업혁명 초기에 여러 층으로 지어진 공장 건물은 주로 도심부에 입지해 있었습니다. 하지만 현재 공장은 충분한 공간을 확보할 수 있는 교외나 촌락에 위치하고 있으며, 주로 단층 건물로 넓게 짓는 경우가 많습니다. 일반적으로 제품 생산과정에서 원료는 공장의 한쪽 끝에서 컨베이어나 지게차로 운반 및 투입되고, 제작 공정에 맞게 조립된 완성품은 다른 쪽 끝에서 선적됩니다.

도시 주변부는 원료 및 제품 운송에 유리합니다. 과거에는 대부분 철도를 통해서 원료는 공장으로, 제품은 시장으로 각각 운송했습니다. 따라서 공장은 철도 노선이 교차하는 지점에 입지하는 것이 유리했지요. 그러나 최근에는 원료 및 제품 수송을 대부분 트럭이 담당하고 있어서 철도 대신 주요 도로와의 접근성이 공장의 가장 중요한 입지 요인이 됩니다.

특히 여러 고속도로가 교차하는 지점 또는 도시 외곽의 환상(원형)순환도로와 인접한 곳은 공장 입지에 매력적인 요소입니다. 따라서 공장은 교외 고속도로의 교차점 인근에 집적하는 경우가 많습니다. 더불어 토지는 도심 인근보다 교외 또는 촌락 지역이 훨씬 저렴하기 때문에 공장 역시 상대적으로 교외나 촌락에 위치하는 경향이 높아집니다.

세 번째 절대적 입지 요인은 자본입니다. 일반적으로 제조업체는 공장을 신축하거나 기존 공장을 확장하기 위해 자금을 대출받습

◯ 실리콘밸리와 실리콘밸리에 입주한 기업들

출처: Coolcaesar, 위키피디아 한국어판

니다. 미국 캘리포니아주 실리콘밸리에 첨단산업이 몰려든 현상(집적)이 나타난 이유는 그 지역을 중심으로 풍부한 자본이 형성되어 있었기 때문입니다. 미국 내 모든 자본의 약 1/4 정도가 실리콘밸리의 신산업에 쓰이고 있습니다.

실리콘밸리의 은행은 새로운 소프트웨어 및 정보통신기업에 지속적으로 자금을 공급하는 것으로 알려져 있습니다. 첨단기업의 2/3가 위험 부담이 높거나 불안정한 상황에 처해 있지만, 실리콘밸리의 금융기관은 훌륭한 아이디어를 보유한 엔지니어들에게 지속적인 자금을 지원하여 창업에 필요한 소프트웨어, 통신 및 네트워크 장비 구입을 돕고 있습니다. 우리나라의 서울벤처밸리(테헤란밸리)나 판교테크노밸리, 가산디지털단지, 구로디지털단지 등이 한국의 실리콘밸리가 되기 위해 이와 비슷한 자금 시스템을 구조화하고 있지만, 대기업과 벤처기업 간 상생과 혁신 네트워크가 부족하다는 점 등에서 보완해야 할 문제점들이 남아 있습니다.

한편 준주변지역이나 주변지역의 경우 자금이 부족하기 때문에

○ 서울 구로디지털단지 전경

출처: 대한민국역사박물관 근현대사 아카이브

핵심지역의 은행에서 자본을 끌어와야 하는데, 이때는 해당 기업이 속한 국가의 정치 상황, 경제구조, 신용도 등에 따라 자본을 대출받을 수 있는지가 결정됩니다.

상대적 입지 요인

상대적 입지 요인은 원료 산지에서 공장까지 소요되는 운송비와 관련이 깊습니다. 지리학에서는 특정 지역이 다른 지역에 비해 공장 입지에서 우위를 점하는 원인이 무엇인지 설명하고자 합니다. 따라서 상대적 입지 요인은 원료를 산지에서 공장까지 운송하는 데 드는 비용을 포함합니다.

기업은 제품을 생산하고 그 제품을 소비자에게 공급하는 데 드는 운송비가 최소인 지점에 입지하려는 경향이 있습니다. 이러한 상대적 입지 요인으로는 크게 '원료에 대한 접근성'과 '시장에 대한 접근성'을 들 수 있습니다.

먼저 원료에 대한 접근성을 살펴보면, 모든 산업은 원료를 사용

⬭ 강원도 삼척의 시멘트 공장

해서 제품을 생산하고 소비자들에게 제품을 판매합니다. 원료 산지 또는 시장과의 운송 거리가 멀수록 운송비가 비싸지기 때문에 기업은 가능한 한 원료 산지나 시장과 가깝게 입지하려 합니다. 이때 원료 운송비가 제품 운송비보다 비싸면 공장은 원료 산지와 가까운 곳에 입지합니다.

반대로 제품 운송비가 원료 운송비보다 비싸면 최적의 입지 지역은 산지보다는 시장과 가까운 지역이 됩니다. 사실상 모든 산업이 원료를 사용합니다. 원료는 자연환경으로부터 공급되는 것(광물, 목재, 생물 등)뿐만이 아니라 다른 공장에서 생산된 제품 또는 부품도 포함하기 때문입니다.

중량감소공업 bulk-reducing industry은 원료 무게가 최종 제품의 무게보다 무거운 경우를 말합니다. 따라서 중량감소공업의 공장은 운송

비를 최소화하기 위해 원료 산지 인근에 입지하는 경우가 많습니다. 구리 제련공장이나 시멘트 산업, 제당 산업 등이 좋은 사례입니다. 이들은 채굴, 선광, 제련, 정련 과정에서 원료 중량이 크게 감소하기 때문에 원료 산지에 입지하는 전형적인 중량감소공업에 속합니다.

그다음으로 시장에 대한 접근성을 들 수 있습니다. 대부분 기업의 최적 입지는 제품이 판매되는 시장과 가까운 곳입니다. 특히 **중량증가공업**bulk-gaining industry, 단일시장을 대상으로 하는 제조업체, 부패하기 쉬운 제품 생산 업체 등의 입지를 결정할 때는 제품의 운송 비용이 매우 중요한 요인으로 작용합니다.

중량증가공업의 대표 사례로는 음료나 맥주 제조업 등을 생각해 볼 수 있습니다. 이들 제조업은 빈 캔이나 병과 같은 용기에 음료수나 맥주를 주입하여 제품을 만들고 소비자에게 공급합니다. 제품을 생산하는 과정에서 부피나 무게가 증가하기 때문에 최종 제품의 운송 비용이 결정적인 입지 요인이 되는 것입니다.

한편 단일시장 제조업체들은 단일지역에서 판매되는 제품을 생산하기 때문에 관련 업체들이 시장 인근에 집적됩니다. 충남 아산

아산 탕정의 제조업 지구

탕정의 산업단지에 있는 부품 제조업체들이 그 예로, 특정 조립업체들(특히 디스플레이)이 집적되어 연계된 형태로 발달하고 있습니다. 부패하기 쉬운 제품, 예를 들어 빵과 우유를 생산하는 제조업체 역시 제품을 가능한 한 신속하게 소비자에게 전달해야 하기 때문에 시장에 인접한 곳에 위치합니다.

뭉쳐야 사는 산업: 경제적 상호의존성

경제적 상호의존성에서 가장 중요하게 논할 수 있는 것이 바로 **집적의 효과**(집적경제)입니다. 집적의 효과란 개별 기업들이 기능적으로 연관성 있는 경제활동들과 함께 입지할 때 생기는 비용 절감 효과를 의미합니다. 특정한 경제 행위들은 서로 근접해서 입지했을 때 상호 이익을 얻을 수 있는 경우가 많으므로 이러한 집적경제로 얻는 이익이 산업의 입지에 큰 영향을 미칩니다.

집적의 효과는 크게 세 가지로 생산 연계성에 의한 이익, 서비스 연계성에 의한 이익, 시장 연계성에 의한 이익으로 나눠볼 수 있습니다. 생산 연계성은 서로 유사한 원료와 노동력을 필요로 하는

⬭ 태백 장성광업소(탄광)와 포항 포스코(제철)

산업들이 서로 밀집해서 입지하면, 쉽게 노동력을 확보하거나 원료를 대량으로 공동 구입하여 수송비를 절감하는 효과를 얻는 경우입니다. 예컨대 규모의 경제 효과를 말하는 것으로 대량생산의 경제라고도 하는데, 대표적으로 탄광이나 제철이 이에 해당합니다.

서비스 연계성은 유사한 산업들이 밀집하여 입지함으로써 이들이 공통적으로 필요로 하는 서비스를 제공받는 과정에서 발생하는 공동 이익을 말합니다. 특정 산업 분야에서 특수 부품을 쓰는 유사 업체들, 즉 반도체나 자동차 부품 업체 등이 밀집되어 있어서 관련 부품의 수요가 집중적으로 발생하는 경우가 이에 해당합니다. 산업체가 집중되면 도로나, 용수, 전력 등의 기반시설이나 금융 서비스 등이 공급되어 공동 이익이 발생하는 경우도 있습니다.

시장 연계성은 유사한 산업들이 서로 모여 입지하면 소비자들에게 선택의 기회가 확대되고 홍보 효과가 증대되어, 궁극적으로 한 곳에 입지한 산업들이 공동 이익을 얻는 경우입니다. 압구정을 중심으로 분포된 중고 명품 상점들, 용산의 전자상가, 아현동 가구거리, 마포에 다수 분포한 갈비집들이 그 예가 될 수 있습니다. 이처럼 유

울산 현대 자동차 공장과 자동차를 수출하는 울산항

사한 경쟁 업체들이 함께 입지하면 장소의 대표 이미지를 구축할 수 있습니다. 이를 통해 소비자들에게 널리 홍보가 되고, 소비자들은 상품을 비교하면서 선택의 기회가 증대될 수 있으며, 소비자의 교통비가 절감되는 등 긍정적인 효과를 불러올 수 있습니다. 그러면 궁극적으로 더 많은 소비자가 이곳을 찾게 되므로 업주들은 공동의 이익을 창출할 수 있는 것이지요.

이러한 집적의 효과를 **외부경제** external economies라고도 부르는데, 외부경제란 기업의 자체 조직이나 생산 방법 등의 요인과는 관계없이 발생하는 비용 절감 효과를 의미합니다. 대표적인 예로는 교통비 절감이 있습니다.

집적이익은 **도시화경제와 국지화경제**의 측면에서도 살펴볼 수 있습니다. 도시화경제가 '다른 업종'이라도 함께 모여 있음으로써 도시가 주는 혜택을 공유하며 누린다는 의미라면, 국지화경제는 특정 지역에 '동종 업체'들이 밀집한 결과로 발생하는 비용 절감 효과를 의미합니다. 미국의 실리콘 밸리, 디트로이트의 자동차 산업, 스위스의 시계 산업 등이 국지화경제의 대표적인 사례입니다.

◯ 용산 전자상가

디트로이트는 시 재정 파산 위기에 직면했지만, 그 이전에는 자동차산업의 메카로서 미국의 3대 자동차 기업인 제너럴모터스 GM, 포드Ford, 크라이슬러Chrysler

⬭ 영화 〈8마일〉 속 주인공과 장면들: 자동차산업의 중심 도시이자 노동자의 도시인 디트로이트의 분위기를 잘 드러낸다.

가 디트로이트 대도시권에 본사를 둘 정도로 미국 번영의 상징적 공간이었습니다. 이곳에 자동차 공장과 부품 공장들이 집적해 있다 보니 흑인 노동자 계층이 모여들어 미국 최대의 흑인 도시가 되었고, 흑인 시장이 당선되기도 했지요.

유명 래퍼 에미넴Eminem이 주인공으로 등장하는 영화 〈8마일〉(2003)은 자동차 산업도시인 디트로이트를 잘 묘사한 동시에 쇠퇴하는 디트로이트의 모습과 문제점도 함께 다루고 있습니다. 이 작품은 디트로이트의 사회적·인종적 갈등을 잘 그려내고 있으며, 8마일 로드8mile Road는 지리적으로 디트로이트를 도시와 주변부로 나누는 기준이 됩니다. 이 8마일 로드를 경계로 가난한 노동자 계층 거주지와 일반 거주지가 분리되는 모습을 보입니다.

돈이 모이는 곳,
돈이 퍼지는 곳

어느 지역이 자연 또는 문화적인 차원에서 원천적인 이점을 지니고 있다면, 이 이점은 집적의 효과를 통해 경제발전으로 이어집니다. 이는 또 다음 단계의 경제발전을 위한 원천적 이점을 제공하므로 다시 집적이 이루어지게 됩니다. 하지만 이러한 순환 관계는 인간과 사회가 정치적·경제적으로 개입하면서 달라질 수 있습니다.

핵심지역-주변지역 간 지역 격차 강화 이론

누적적 인과관계 cumulative causation란 외부경제, 집적의 효과, 국지화경제 등의 요인들에 의해 특정 지리적 환경에서 누적으로 발생하는 경제적 이점을 말합니다. 노벨경제학상 수상자인 스웨덴의 군나르 뮈르달Gunnar Myrdal이 주장한 이론으로, 지역의 원천적인 이점으로 인해 집적 및 군집의 효과가 발생하며 이에 따라 지역의 경제력이 누적적으로 강화된다는 이론입니다.

뮈르달에 따르면, 특정 지역에 효과가 누적되어 발생하면 다른 지역에서 이 지역으로 인력과 자본 등이 유입됩니다. 이렇게 되면 특정 지역에 한정된 누진적 효과는 주변의 경제발전 정도가 부진한 지역에 부정적 효과를 유발합니다. 즉 자유로운 시장 메커니즘에서는 지역 불균형을 유발하는 요인이 존재하고, 빈곤한 국가일수록 이 불균형은 더욱 심화된다는 것입니다.

데이비드 키블David Keeble은 뮈르달보다 더 자세히 이 이론을 설명하고 있는데, 특정 중심지에서 개발이 시작되면 누적적 인과 관계를 통해 중심지역의 성장이

⬭ 군나르 뮈르달

더욱 강화되어 간다고 이야기합니다. 그 이유는 개발된 중심지역에서 새롭게 입지한 산업이 다른 지역의 산업을 끌어들이기 때문입니다. 또한 성장을 가져오는 경제적 힘은 중심지역과 배후지역과의 상호작용을 통해 유지되고 강화됩니다. 그러나 이 상호작용은 낙후지역의 자본과 노동이 성장지역으로 유출되는 형태이므로 상품 교역과 생산요소의 이동은 균형이 아닌 불균형을 초래합니다. 그 결과 지역 격차가 더욱 벌어지게 된다고 설명하며 이는 지역 불균형 현상을 해석할 때 자주 인용되고 있습니다.

이와 관련된 용어로 **역류효과**backwash effects가 있습니다. 역류효과란 중심지의 성장을 유지하기 위해 중심지역의 산업이 주변의 노동력과 자본을 흡수하고, 주변지역의 산업을 잠식하여 주변지역의 발전을 저해하는 현상을 말합니다. 바로 이 역류효과가 지역 격차를 심화시킨다고 봅니다. 역류효과로 인해 다른 지역의 경제발전이 특

정 지역에 미치는 부정적 요소로는 인력과 자본 등의 유출, 지역 세수입 기반의 약화, 누진적 효과의 발생 저해 등이 있습니다. 학자들은 역류효과를 지역 간 경제발전의 격차 발생 및 핵심지역-주변지역의 형성을 설명하는 중요한 요인으로 보고 있습니다.

핵심지역-주변지역 간 지역 격차 완화 이론

누진적 효과와 역류효과가 지역의 경제발전 과정을 설명하는 중요한 요인이 될 수는 있지만, 지역의 경제발전 과정은 이러한 요인들로만 설명되지는 않습니다. 만약 누진적 효과와 역류효과만으로 지역의 경제발전 과정이 설명된다면 지역 간 경제력의 격차는 극단적으로 첨예화될 것이기 때문이지요. 실제로 우리나라와 중국 등의 경제발전 과정은 이러한 요인들만으로 설명할 수 없습니다. 따라서 반대로 핵심지역-주변지역 간 지역 격차가 완화된다는 이론도 있는데, 그 요인으로는 크게 세 가지가 있습니다.

첫 번째로 **파급효과** spread effect를 들 수 있습니다. 파급효과는 다른 지역의 경제발전이 특정 지역에 미치는 긍정적 효과로, 중심지의 성장이 주변의 자원 개발과 기술 발달을 촉진하여 주변지역의 산업을 발전시키는 효과를 뜻합니다. 예를 들어 핵심지역의 경제성장으로 인한 식량의 수요 증가, 핵심지역에서 필요로 하는 원료 및 부품의 수요 증가, 핵심지역에서 필요한 물품을 생산하기 위한 노동력의 수요 증가 등이 있습니다.

쉽게 말해, 한 나라 안에서 1인당 경제성장량 증가로 인해 수요는 많아지고 공급이 부족해지면 주변지역에서 부족한 만큼을 수입하게 됩니다. 이때 주변지역 입장에서는 자연스럽게 수출이 이루어지는 긍정적 효과가 발생한다는 것입니다. 즉 핵심지역의 경제 활성화에 따른 수요 증가는 주변지역에 확산 효과를 유발하여 지역 경제 발전의 동기를 제공한다고 봅니다. 이에 따르면 우리나라는 일본과 미국의 경제발전으로 파급효과를 누린 경우에 해당한다고 할 수 있습니다.

두 번째는 수입대체입니다. 한마디로 **수입대체산업**을 통해 격차를 완화한다는 것인데, 수입대체산업이란 수입 상품을 국내에서 직접 생산 및 충당하는 산업을 말합니다. 외국에서 상품을 수입하는 일은 무역수지 면에서 감소 요인이 될 뿐만 아니라 소득 및 고용에서도 여러 가지 부정적 요소를 내포하기 때문입니다.

특히 무역수지가 적자인 주변지역에서는 가능한 한 수입 상품을 국내 생산품으로 대체할 필요가 있습니다. 따라서 무역수지 개선을 위한 소극적 방안으로 수입대체산업(수입 절약 산업)을 육성하는 것이지요. 19세기 및 제2차 세계대전 이후 수입대체는 일본 경제발전의 토대이기도 했습니다. 즉 핵심지역에서 생산되는 공산품을 복사 생산하여 자국의 고용효과를 증진하고 국가 수입을 늘리는 것입니다.

세 번째로 핵심지역의 내부적 요인으로 인해 핵심지역–주변지역 간 격차가 완화된다고 주장하는 입장이 있습니다. 핵심지역 내부에서 발생하는 문제의 누진적 효과 때문에 격차가 완화된다고 보는 시각입니다. 대표적인 예로 **집적의 비경제**agglomeration diseconomies를 들 수 있습니다. 집적의 비경제는 도시화와 산업의 집중으로 발생하는 경제 측면에서의 부정적 효과(높은 토지 및 노동비용, 교통 체증 비용, 물류비용 증가, 높은 세금 부담 등)를 말합니다.

단, 집적의 비경제는 대부분 상품의 가격 상승을 불러오는데 이 것이 소비자나 다른 나라에 전가되는 경우가 많습니다. 그러나 높은 가격으로 인한 경쟁력 상실은 핵심지역에 불리하게 작용할 수 있다 는 점에서 핵심지역-주변지역 간 격차를 완화하는 요인으로 볼 수 있습니다.

국가가 아닌
기업이 바꾸는 세계

세계화가 진전되면서 지역 경제는 세계 경제와 더욱 긴밀한 연관성을 맺게 되었습니다. 이 말은 곧 세계 경제 역시 지역 경제와 긴밀하게 연관되어 있다는 뜻이기도 하지요.

세계적 조립라인은 초국적기업에 의해 형성되었습니다. 거대기업이라고도 부르는 초국적기업은 기업 합병 및 인수 등의 과정을 거쳐 다양한 종류의 경제활동으로 분화된 기업을 일컫는 말입니다.

대표적으로 필립 모리스Philip Morris는 1848년 런던에서 연 필립 모리스의 담뱃가게가 전신인 회사입니다. 1919년 버지니아에서 현재 이름으로 회사를 설립한 뒤 1929년 뉴욕으로 본사를 이주하며 크게 성장했습니다. 처음에는 담배 회사로 출발했지만 현재는 식품, 부동산, 출판 등 다양한 산업에 걸쳐 세계적 조립라인을 갖추고 있지요. 세계 최대의 식품 가공업체인 스위스의 네슬레Nestle 역시 세계적 조립라인을 구축하고 있는 거대기업입니다. 전체 수입의 98%가 스위스가 아닌 외국에서 발생한다고 알려져 있을 만큼 다국적 기업화가 안착된 기업이기도 합니다.

초국적기업은 1970년대부터 미국, 유럽, 일본을 중심으로 성장

필립 모리스의 대표 상품인 말보로의 광고. 다소 쓸쓸한 표정의 남성과 상표명은 당시 큰 인기를 누렸다.

했습니다. 1980년대 초에는 세계무역의 40%가 초국적기업 내의 거래로 이루어졌습니다. 지금도 초국적기업의 경제 규모는 세계무역의 2/3를 차지할 정도입니다.

이렇듯 초국적기업은 말 그대로 '국적 없는 기업'이 되었으며, 활동 자체는 분산되어 있지만 세계 경제에 미치는 힘과 통제력은 상당히 집중되어 있습니다. 초국적기업의 성장 원인으로는 1970년대 유가 상승에 의한 경기 침체, 교통과 통신 기술의 발달, 소비자 기호의 동질화 등을 들 수 있습니다. 더불어 세계적 조립라인의 형성은 곧 세계적으로 표준화된 생산양식을 만들었고, 이는 규모의 경제를 극대화했습니다.

초국적기업이 구축한 판매 과정의 세계화는 금융, 재정, 기업 서비스, 생산자 서비스업 등의 분야 역시 세계화로 이끌었습니다. 제조업의 세계화, 세계무역량의 증가, 거대 초국적기업의 등장 등으로 금융, 재정, 기업 서비스업 등의 중요성이 더욱 부각되고 있습니다.

현재는 정보통신기술이 발달하면서 24시간 국제 거래가 가능해

⬭ 네슬레의 대표 상품인 네스퀵 코코아와 네스카페

졌습니다. 세계의 특정 도시를 중심으로 전자사무실이 발달했고, 특히 전문화된 글로벌 오피스가 뉴욕, 런던, 파리, 도쿄 등에 집중적으로 조성되었습니다. 즉 전자사무실, 글로벌 오피스 등은 세계 여러 지역의 분산 성장을 이끈 것이 아니라 오히려 특정 기능으로 전문화된 몇몇 세계 경제 도시를 중심으로 성장했다는 것을 알 수 있습니다. 이는 정보·통신·인력 등의 측면에서 경제력이 있는 대도시들이 금융, 재정, 기업 서비스, 생산자 서비스업 등의 집적이익을 극대화할 수 있는 곳이기 때문입니다. 결국 전문화된 기업들의 사무실이 대도시권에 집중되는 모습을 보이는 것이지요.

이처럼 현재 세계 경제는 역동적인 변화를 경험하고 있습니다. 특히 지구 전체에서 초국적기업의 역할이 강화되고 있으며, 세계도시의 기능 역시 계속 증대되고 있습니다. 이러한 사실은 지역 간 노동의 분화가 심화되고 있다는 사실과 지역 간, 국가 간의 부가 더욱 편재될 가능성이 있다는 것을 보여줍니다.

5장

지리를 알면 보이는
도시 및 도시화

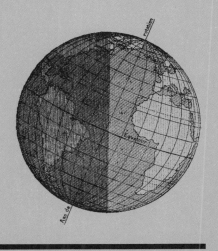

언젠가는 모든 곳이
도시가 된다

오늘날 세계적으로 가장 중요한 지리적 현상은 도시화(74쪽 참고)입니다. 세계의 경제체제가 점점 더 기술, 공업, 서비스 지향적으로 변화하면서 기존 도시는 성장하고, 농촌 지역은 도시화되고 있습니다. 도시 지역에 거주하는 인구는 급속히 증가하고 있으며, 세계의 경제·사회·문화·정치 활동들은 점차 도시 내부와 세계의 도시체계 내에서 자체적으로 이루어지고 있습니다. 따라서 도시로 인구가 집중되는 현상은 막기 어려울 것으로 예상되지만, 과도한 도시화는 더 다양한 형태의 문제를 유발할 수 있습니다.

역사적으로 도시는 공간 조직과 사회 발전 과정에서 중요한 역할을 수행해 왔습니다. 그러나 오늘날 도시는 그 어느 때보다도 중요한 의미를 지니고 있습니다. 1990년대 이후부터는 도시인구가 세계 인구의 절반 이상을 차지하고 있기 때문입니다.

핵심지역 대부분은 도시화가 거의 완료되었으며, 많은 주변지역 및 준주변지역 역시 유례없는 도시화를 겪고 있습니다. UN의 발표에 따르면, 2050년에는 전 세계 인구가 약 94억 명에 이를 것으로 추정하고 있으며 이 중 64억 명 정도가 도시에서 거주할 것으로 전망

합니다. 참고로 아시아는 약 18억, 아프리카는 약 9억, 라틴아메리카와 카리브해 연안은 약 2억 명이 증가할 것으로 예상하고 있습니다.

그렇다면, 이쯤에서 도시화라는 용어를 보다 구체적으로 정의해 보겠습니다. 도시화란 도시의 특유한 생활양식이 누적 및 강화되어 도시 주변이나 농촌으로 침투·확대되어 가는 과정을 말합니다. 여기서 도시의 특유한 생활양식은 사회구조, 생활구조, 의식구조라는 세 가지 측면에서 파악할 수 있습니다.

첫째, **사회구조의 변화**는 인구의 집중과 분산, 인구 구성의 변화, 인구 이동 및 유동의 증대, 토지이용의 변화, 교외화, 계층 및 계급 구조의 유동화와 균질화, 기관 및 시설의 집중과 분산, 자주적인 집단의 속발續發, 가족 형태의 변화(핵가족화) 등을 의미합니다.

둘째로 **생활구조의 변화**는 집단 참가의 다양화, 근린관계의 희박화와 일면화, 가족관계의 단순화와 개인화, 생활 기능의 전문적 제도화(예를 들면 보육 기능) 등을 뜻합니다.

마지막으로 **의식구조의 변화**는 도시적 성격의 형성(개인주의, 세계주의, 표준주의 등), 시민의식의 형성, 개인 해체, 정신장애, 자살, 비행, 범죄의 다발 등을 의미합니다.

도시화는 이 세 가지 구조적 변화를 통해 사회변동을 이룹니다. 단, 도시화는 일반적으로 근대 이후의 산업화에 따라 일어나는 것으로 한정됩니다. 또한 같은 사회·문화적 맥락에서 이해해야 하며 외국과의 단순 비교는 허용하지 않는 개념으로 파악해야 합니다.

도시지리학은 도시들의 발전 과정을 연구하는 분야로 특히 경제와 사회 활동을 위한 모빌리티스(이동성) 기능, 의사결정 기능, 생산 기능, 변화 기능을 갖는 도시에 주목합니다. 이에 따라 도시 간 또는 도시 내부적 발전 과정의 유사성 및 차이점을 중점적으로 연구합니다.

도시지리학의 주요 연구 주제는 다음과 같습니다.

① 도시가 가지는 독특성을 유발하는 요인들은 무엇이며, 이러한 요인들은 어떠한 과정으로 발전했는가?
② 특정 도시 간에는 어떠한 상호연관성이 존재하는가?
③ 도시와 그 주변 지역 간에는 어떠한 연관성이 존재하는가?
④ 도시 내부의 토지이용 패턴, 주거지 형태, 도시경관의 형태 등에는 어떠한 규칙성이 존재하는가?
⑤ 특정한 규칙성이 존재한다면 이러한 규칙성을 유발하는 요인은 무엇인가?

이러한 질문들에 답을 구하기 위해서는 경제, 사회, 문화, 정치 등의 분야에 대한 포괄적인 이해가 전제되어야 합니다.

도시의 기원

　많은 도시는 오랜 기간을 거쳐 성장해 왔습니다. 고대도시부터 들여다보면, 이들 도시의 주요 발생 지역은 티그리스강과 유프라테스강 유역(메소포타미아 문명), 나일강 유역(이집트 문명), 인더스강 유역(인더스 문명), 중국 황허강 유역(황허 문명), 남미 안데스 지역(잉카 문명) 등입니다. 이후 그리스, 로마, 비잔티움 등의 도시를 거치며 성장했습니다.

　69쪽에서도 설명했지만, 고대도시 발생 지역을 다시 한번 간단히 살펴보겠습니다. 먼저 티그리스강과 유프라테스강 유역은 기원전 3000~4000년경에 등장한 퍼타일 크레슨트(비옥한 초승달 지대)로 오늘날의 이라크 지역에 해당합니다. 이곳은 종교 중심지이자 연장 만들기, 도자기 굽기, 바구니 짜기 등 수공업이 번성한 지대였습니다.

　이 지역에서 도시가 발달할 수 있었던 이유는 사제나 군사 지배자 등 엘리트 집단의 존재로 인해 상인이라는 노동계급이 출현했고, 농업체계의 효율성이 높아져 잉여식량과 옷감 생산이 가능해졌기 때문입니다. 당시 이곳의 인구 규모는 기껏해야 1만 5천에서 2만 5천 명 정도로 추정하고 있으나 인구 5만 명의 대도시 우루크Uruk나 바

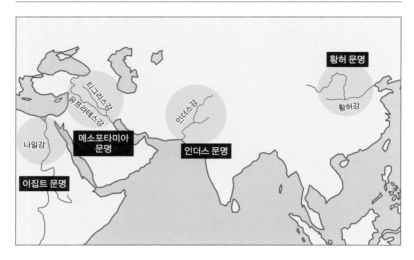

◯ 세계 4대 문명 발상지

빌론Babylon 같은 도시도 있었습니다.

기원전 4000년경에 문명이 등장한 나일강 유역은 현재 이집트 지역에 해당하는 곳입니다. 지금으로부터 약 4000년 전 이미 직선 도로와 피라미드가 존재했습니다. 대표적인 도시로는 테베Thebes, 멤피스Memphis 등이 있지요.

기원전 2500년경에는 현재의 파키스탄에 해당하는 인더스강 유역에서 문명이 등장했습니다. 대표적인 도시로는 모헨조다로Mohenjo Daro와 하라파Harappa가 있는데, 이들 도시는 약 4만 명의 인구를 자랑하는 행정·종교의 중심지였습니다. 특히 모헨조다로는 목욕탕과 방앗간 등이 존재했던 것으로 알려져 있습니다. 척박한 자연환경을 지니고 있던 황량한 사막지대로서 최근 고고학적 관심이 증대되고 있는 곳이기도 합니다.

기원전 1900~1050년, 황허 강 유역은 비옥한 황토지대였습니다. 이곳에는 루리앙산맥과 친링산맥 사이에 위치한 은나라(상왕조)가 있었는데, 청동기 시대였던 이 시기에 인구가 급증했습니다. 대표 도시로는 안양安阳이 있습니다.

⊂⊃ 페루 쿠스코의 12각 돌

한편, 남미 안데스 지역의 잉카 문명 지역은 현재의 페루 및 볼리비아에 해당하는 곳으로 당시 쿠스코Cusco라는 도시를 중심으로 가장 크게 번성했던 문명입니다. 최대 인구는 무려 천만 명으로 추정됩니다. 비록 잉카 문명은 이후 스페인에 의해 멸망했지만, 그들이 지닌 고도의 석재 기술력은 지금도 흔적으로나마 남아 있습니다.

고대 그리스에는 **폴리스**Polis라 불리는 도시들이 형성되었습니다. 대표적인 폴리스로는 아테네Athens와 스파르타Sparta가 있습니다. 로마 역시 폼페이Pompeii를 비롯한 수준 높은 도시들이 지어졌으며 이들 도시에는 광장인 포럼forum, 시장 건축물 바실리카basilica, 집회소인 큐리아curia, 주신전인 캐피틀capital과 그 외에도 목욕탕과 극장, 연무장 등의 공공시설이 존재했습니다.(236쪽 참고)

고대도시들이 발생할 수 있었던 가장 큰 이유는 바로 농업 산물의 잉여발생입니다. 이 말은 직접적으로 농업 생산에 종사하지 않는 전문화된 인력이 발생했다는 뜻이기도 합니다. 이들 비농업 인력은 다른 생산이나 유통, 행정, 종교 등의 분야에 종사했기 때문에 도시

기능이 확장될 수 있었지요.

인구 증가도 빼놓을 수 없습니다. 인구가 증가하면서 자원, 특히 식량과 부양 가능 인구 간에 불균형이 발생했습니다. 이에 따라 일부 인구가 변방 지역으로 이주했는데, 아쉽게도 변방 지역 대부분은 농업에 적합한 땅이 아니었습니다. 따라서 이곳으로 이주한 인구는 새로운 기술, 곡물의 생산 및 저장, 서비스, 교역 등과 관련한 새로운 경제체제를 만들어냈고, 점차 이 새로운 경제체제에 적응해 나가면서 개선과 개발이 이루어졌습니다. 이러한 새로운 사회·경제적 체제는 또 다른 인구를 불러오면서 도시는 점차 확장되어 갔지요.

도시 확장과 사회조직의 변화는 사회적 지배계급을 탄생시켰습니다. 따라서 사회는 농업 종사자, 비농업 종사자(주로 생산과 유통을 담당하는 상인), 엘리트 계층으로 분화되었습니다. 엘리트 계층은 사회적 지배계급으로서 주로 군사, 종교, 행정을 담당했습니다. 이들 지배계급에 의해 도시화가 가속화되었고, 특히 지배계급은 권력을 과시하기 위한 수단으로 궁전, 경기장 등 대규모 건물과 상징물을 건설했습니다. 이에 따라 도시 경관도 변화했지요. 이러한 변화는 고대도

⬭ 고대 로마의 원형 경기장 콜로세움과 세나토리오 궁전

출처: suicasmo, 위키피디아

시가 성장할 수 있는 물리적인 기반이 되었고, 비농업 노동 인력의 전문화가 더욱 촉진되면서 도시 기능 역시 향상될 수 있었습니다.

고대 그리스와 로마에 의해 발전된 유럽의 도시체계는 중세에 들어오면서 거의 붕괴했습니다. 중세의 자급자족적 **봉건제도**(영주와 가신들의 관계를 규정한 것) 아래 봉건왕국들은 촌락 중심의 장원에 만족하는 성향이 강해졌고, 도시적인 특성이 대부분 소멸했습니다. 그러나 각 봉건왕국에는 소규모 도시town들이 존재했습니다. 교회와 대학의 중심지인 영국의 케임브리지Cambridge와 캔터베리Canterbury, 군사적 요충지인 독일의 쾰른Köln과 스페인의 톨레도Toledo 등이 그 예입니다.

참고로, 고전문학으로 우리가 잘 알고 있는 미구엘 드 세르반테스Miguel de Cervantes Saavedra의 작품《돈키호테》는 과대망상에 빠진 주인공 돈키호테가 부하 산초 판사를 데리고 기사 수업에 나서며 여러 가지 모험을 겪는 내용인데, 이 작품은 기사의 도시로도 유명한 라만차 지방의 주도 톨레도를 배경으로 하고 있습니다.

유럽 중세 시대에 주목할 만한 역사적 사건이 발생하는데, 그것

뮤지컬 〈맨 오브 라만차〉의 포스터, 톨레도에 있는 돈키호테상

이 바로 십자군 전쟁입니다. 11세기에서 13세기에 이르기까지 약 200년간 지속된 십자군 전쟁은 유럽이 중동 지역의 성지 팔레스티나(팔레스타인)와 예루살렘을 탈환하기 위해 벌인 전쟁이었습니다. 신의 영역(공간)을 차지하려는 명분으로 시작한 이 길고 지루한 전쟁은 결국 유럽의 패배로 끝을 맺습니다.

이를 계기로 유럽에는 "이젠 신보다는 인간 본연의 모습을 되돌아보자!" "보다 인간중심적인 사고를 하자!"라는 운동이 일어났고, 그 사조가 르네상스로 연결되었습니다. 이때 상업이 이전보다 활발해지면서 15세기 전후 유럽에서는 **상업적 자본주의**가 본격적으로 확산되었습니다.

상업적 자본주의의 발달은 곧 지역적 전문화와 도시의 성장으로 연결되었고 파리Paris, 밀라노Milan, 제노바Genova, 베네치아Venezia 등의 지역이 크게 성장하는 계기가 되었습니다. 그중에서도 특히 제노바와 베니스는 해변의 항구도시로서 극동(아시아)과의 실크와 향료 무역으로 크게 성장했습니다.

같은 시기인 15~16세기 스페인과 포르투갈은 식민지 개척에

⬭ 《베니스의 상인》으로도 유명한 베네치아의 풍경

박차를 가했습니다. 식민지 개척은 유럽의 도시뿐만 아니라 전 세계의 식민지에도 새로운 도시의 건설을 촉진했는데, 특히 금은보화가 많이 발굴되는 지역으로 유명했던 남미 지역들을 1500년대 스페인과 포르투갈이 점령하면서 수많은 식민지 도시가 형성되었습니다.

애니메이션 영화 〈엘도라도〉(2000)는 남미에 있는 전설의 도시 엘도라도로 황금을 찾아 떠나는 두 남자의 이야기를 다루고 있는데, 이 작품은 16세기 스페인 식민지 개척 시대와 엘도라도가 배경인 영화라는 점에서 눈여겨볼 만합니다. 이렇게 만들어진 **식민도시**들은 주로 군사나 행정 기능을 위해 건설되었고, 그사이 남미의 아즈텍 문명과 잉카 문명은 무너지게 되었습니다.

한편 인간의 부흥, 아름다움의 추구, 인간 중심 사조로 대표되는 르네상스 시대가 본격화되면서 분산된 봉건국가가 통합되었고, 이로 인해 강력한 통일국가가 출현했습니다. 교황 중심체제가 아닌 왕권 중심의 통일국가가 탄생하면서 통일국가의 중심지인 도시 역시 크게 발전했습니다. 정치적 권력의 집중, 산업화의 태동, 식민지로부터 수탈한 부의 유입 등으로 사회가 크게 변화했고, 그 과정에서 특

영화 〈엘도라도〉 포스터와 영화 속 장면

⬭ 런던의 버킹엄 궁전과 템스강

히 북해와 대서양 연안에 인접한 도시들이 요충지 기능을 할 수 있는 기회를 얻었습니다. 대표적인 도시로는 런던과 암스테르담 등이 있습니다.

유럽 도시들과 달리 식민 지배를 받았던 도시들은 대개 **관문도시**gateway city로 성장했습니다. 관문도시란 자연적인(혹은 물리적인) 이점에 의해 국가와 지역, 또는 다른 국가나 지역으로 연결하는 기능을 담당하는 도시를 말합니다. 유럽인들은 식민지 교역망을 설정하는 과정에서 전 세계에 수많은 관문도시를 건설했습니다.

관문도시들은 식민지 시대의 교역과 통치에 중심적인 기능을 담당했습니다. 브라질의 리우데자네이루Rio de Janeiro, 아르헨티나의 부에노스아이레스Buenos Aires, 인도의 콜카타Kolkata 등은 항구도시의 이점을 살려 관문도시의 기능을 수행한 대표적인 사례입니다. 각각 살펴보면 브라질은 포르투갈의 지배를, 아르헨티나는 스페인의 지배를, 인도는 영국의 식민 지배를 받았습니다. 이런 이유로 관문도시들은 상당히 이국적이며 개방적인 분위기를 풍긴다는 특징이 있습니다.

⬭ 〈엄마 찾아 삼만리〉에 보이는 부에노스아이레스의 모습

이 중에서도 '남미의 파리'라고 불리는 부에노스아이레스는 이
탈리아, 스페인, 독일, 프랑스에서 온 이민자들의 정착지로도 잘 알
려져 있습니다. 실제로 이곳 인구의 95%는 유럽계 이민자들로 구성
되어 있지요. 그래서인지 부에노스아이레스는 많은 영화와 예술
작품의 배경지이기도 합니다. 애니메이션 〈엄마 찾아 삼만리〉(1981)
는 19세기 중엽 경제 불황을 겪던 이탈리아 제노바의 소년 마르코가
당시 신대륙이던 남미의 아르헨티나로 일하러 간 엄마를 찾아

⬭ 항구도시 부에노스아이레스와 이곳을 배경으로 하는 영화 〈해피투게더〉

12,000km를 여행하는 여정을 담으며, 관문도시인 부에노스아이레스를 아름다운 바닷빛으로 그려냈습니다.

1990년대 말, 부산국제영화제 초청작으로 소개된 왕가위王家卫 감독의 〈해피투게더〉(1998) 역시 부에노스아이레스를 배경으로 하고 있습니다. 당시만 하더라도 퀴어queer 영화에 익숙하지 않았던 한국의 영화 팬들에게 성적 소수자들을 향한 편견 대신 이국적이고 감성적인 영상으로 기억되는 작품이기도 합니다. 여기에는 부에노스아이레스라는 도시가 지니는 특수성이 내재되어 있습니다. 홍콩 출신의 왕가위 감독은 부에노스아이레스가 유럽에 의해 식민화되고 개방된 항구이자 전형적인 관문도시라는 점에 착안하여 작품을 설계했습니다. 실제로 그는 인터뷰에서 홍콩과 아르헨티나가 지도를 접으면 딱 반대되는 위치라는 점, 홍콩과 부에노스아이레스 모두 식민지로서 정체성에 대한 혼란을 공유하고 있다는 점을 배경 선정의 이유로 들었습니다.

감독은 식민화된 도시가 겪는 상실감과 혼종성을 강조하며 홍콩의 대표 배우인 양조위梁朝偉와 장국영張國榮을 주인공으로 캐스팅하고, 그들이 영화 속에서 겪는 성 정체성 문제와 갈등을 부에노스아이레스라는 도시로 대변하고자 했습니다. 영상에서 부에노스아이레스는 화려한 네온사인 불빛 아래, 애절한 선율에 맞춘 탱고 무용수의 정열적인 춤으로 묘사됩니다. 그러나 한편으로는 아르헨티나의 음지에서 하류층 생활을 하며 살아가는 이민자의 사랑을 통해 식민지를 경험한 자들이 겪은 아픔과 혼돈, 갈등과 애환을 보여주고 있지요.

산업화가 불러온
'충격의 도시'

18세기 산업혁명이 전개되면서 도시는 이제까지와 전혀 다른 면모를 드러냈고, 18세기 후반부터 본격적인 도시화가 진행되었습니다. 특히 산업혁명과 유럽의 제국주의는 유례없는 사람들의 도시 집중을 유발했습니다. 1800년대에는 도시인구가 세계 인구의 5%를 차지했으나, 1950년대에 이르러서는 도시인구가 세계 인구의 16%를 차지하며 급격한 도시인구 증가를 보여주었습니다. 현재는 세계 인구의 절반 이상이 도시에 머무르고 있습니다.

산업화된 경제는 다량의 노동력, 교통망, 공장, 창고, 사무실과 같은 물리적 기반시설뿐만 아니라 소비시장에서도 도시 집중 현상을 불러일으켰습니다. 특히 풍부한 노동력과 시장은 도시화를 더욱 가속화하는 요인이 되었지요. 이러한 상황에서 **쇼크시티** shock city 라는 용어가 등장했습니다.

쇼크시티란 말 그대로 '충격의 도시'라는 의미를 지니는데, 구체적으로는 경제·사회·문화적 측면에서 새롭고 혼란스러운 변화들이 구체화되어 나타나는 도시를 말합니다. 19세기 산업화된 영국의 맨체스터 Manchester 와 미국의 시카고 Chicago 등이 쇼크시티의 예입니다.

⬭ 영화 〈시카고〉(2003)의 포스터와 장면: 시카고는 도시의 화려함과 매력을 보여줌과 동시에 배신과 음모 등 온갖 범죄가 난무하는 공간으로 묘사된다.

산업화 초기 쇼크시티는 경제적으로 비약적인 성장을 거두었고, 단기간에 급속한 도시 성장이 이루어졌으나 한편으로는 많은 사회 문제를 안고 있었습니다. 이를 잘 보여주는 작품으로 뮤지컬 〈시카고〉(1975)가 있습니다. 뮤지컬뿐만 아니라 영화로도 잘 알려진 이 작품은 1920년대 시카고를 배경으로 하고 있습니다.

처음에는 무성영화로 제작되었으나, 1975년에 안무가이자 영화 감독인 밥 포시Bob Fosse가 뮤지컬로 각색했습니다. 1927년에 시카고에서 태어난 밥 포시는 어릴 적부터 스트리퍼, 취객, 갱단의 모습을 보며 자라왔습니다. 이로 인해 그는 1920년대 시카고의 어두운 뒷골목에 만연했던 육욕, 물욕, 배신, 음모 등에서 작품의 소재를 찾고자 했습니다.

실제로 이 작품 속에서 시카고는 돈과 권력으로 더럽혀진 부정한 사법부의 재판 과정, 스스럼없이 살인과 범죄를 저지르는 모습으로 묘사되면서 쇼크시티의 면모를 가감 없이 보여줍니다. 시카고와 더불어 맨체스터 역시 쇼크시티의 사례로 자주 언급됩니다. 맨체스터는 세계의 면 공업 중심지이자 식품, 기계, 화학, 전자 등의 공업이 발달된 도시로 화려한 명성을 날렸으나, 동시에 제조업 기반의 공업사회가 지니는 연기 자욱하고 칙칙한 도시경관은 쇼크시티를 대표하는 이미지가 되었습니다.

◯ 산업화 시기 회색 연기로 가득한 맨체스터의 도시경관

산업화 시기의 맨체스터와 시카고는 쇼크시티로서 급격한 도시성장을 이루었고, 동시에 세계도시로서의 기능을 맡기도 했습니다. 이 시기의 세계도시는 다른 도시들에 비해 세계적으로 매우 중요한 경제·사회·문화적인 일들이 수행되는 비중이 높은 도시를 의미합니다. 즉 국경을 넘어 경제적인 영향력을 행사하는 동시에 세계적 도시체계와 국가적 도시체계의 결절점에 해당하는 곳이었습니다.

이러한 핵심지역의 도시들과는 달리 주변지역의 도시들은 식민도시로서 제국주의 세력 혹은 식민세력에 의해 의도적인 개발과 건설이 이루어졌습니다. 19세기의 유럽 제국주의는 세계의 주변지역에 그들의 상업적·정치적 지배를 강화하기 위한 식민도시를 많이 건설했습니다. 그런 의미에서 식민도시는 유럽 식민지 정책이 낳은 독특한 산물이기도 합니다.

식민 지배를 받았던 주변지역들의 식민도시는 두 가지 형태로

⊂⊃ 홍콩의 기념 엽서: 왼쪽 엽서에서는 홍콩의 눈부신 야경과 마천루를, 오른쪽 엽서에서는 홍콩의 동양적인 면모를 볼 수 있다.

나타납니다. 하나는 식민세력(핵심지역)에 의해 직접 건설되거나 거의 건설된 도시입니다. 순수한 혹은 순전한 식민도시the pure colonial city라고 부르기도 하는 이곳은 식민세력 유입 이전에는 도시 기능이 거의 없다가, 식민화 이후 식민지 역할을 수행하기 위해 정치·경제·군사·문화적 기능들이 부여된 도시입니다. 예를 들어 영국 식민지 시절 명칭인 봄베이Bombay로도 알려진 인도의 뭄바이Mumbai, 베트남의 호찌민Ho Chi Minh City, 필리핀의 마닐라Manila, 영국령 홍콩British Hong Kong(1841~1997) 등이 이에 해당합니다.

이 식민도시들은 식민세력 인구가 유입되고 취업 기회가 많아지면서 주변 지역에서도 인구가 몰려들었고, 도시인구가 급속히 증가하면서 성장했습니다. 즉 자연발생적인 인구 증가가 아니라 선진 세력의 유입에 따른 사회적 인구 증가가 이루어진 것입니다.

다른 하나는 식민지의 기능이 이입된 도시로서, 원래 도시였으나 식민세력이 들어오면서 더욱 이국화된 도시를 말합니다. 즉 식민화되기 이전에도 이미 도시로 성장하고 있었지만, 식민지가 되면서 도시의 입지적 이점과 풍부한 노동력에 식민지 기능이 이입되며 더욱 발달한 도시를 의미합니다. 자체적으로 성장하던 도시가 식민세력에 의해 이용당하는 도시가 되어버린 경우라고 할 수 있습니다. 그러다 보니 이러한 도시에는 기존의 전통적인 도시경관에 식민세력이 건설한 건축물들이 혼재된 경관을 보입니다. 인도의 델리Delhi, 멕시코의 멕시코시티Mexico City, 중국의 상하이Shanghai 등이 있습니다.

우리나라의 일부 항만도시도 이에 해당하는데, 한 예로 전라북도 부안군에 위치한 줄포의 곰소항은 일제강점기 일본이 한국에서 착취한 농산물과 군수물자를 반출하기 위해 항만을 구축할 도로와 제방을 축조하여 육지가 되면서 만들어진 항구입니다. 지금은 작고 조용한 항구의 모습으로 남아 있지만, 자세히 들여다보면 줄포에는 아직까지도 시골의 풍경과 어울리지 않게 넓은 도로가 그 흔적으로 남아 있습니다.

대부분 식민도시에는 식민세력의 유산인 건물이나 도시계획의

줄포의 곰소항(왼쪽), 항구 규모에 어울리지 않는 넓게 정비된 도로(오른쪽)

◯ 필리핀에서 쉽게 볼 수 있는 스페인 양식의 건축물들

흔적이 남아 있습니다. 이처럼 식민세력이 추진했던 도시계획이나 건물은 그 지역의 환경에 적합하지 않거나 다소 부조화스러운 모습으로 나타나기도 합니다. 특히 유럽 제국주의에 의해 건설되거나 개방된 도시들의 경우, 유럽의 건축양식이 반영되어 식민도시의 전통적인 건축양식과 대비되는 경관을 보입니다.

필리핀은 포르투갈의 마젤란에 의해 최초로 발견되었으나 스페인에 330년간 식민지 지배를 받았습니다. 1898년에 독립운동을 통해 독립을 쟁취했으나 이후 미국과 일본에 다시 점령된 아픈 역사를 지니고 있지요. 1946년에 이들로부터 완전히 독립했지만, 여전히 필리핀 곳곳에는 주변과 어우러지지 않는 당시의 식민경관이 남아 있습니다.

도시인구가 결정하는
도시의 계급

도시의 정의는 국가에 따라 다양합니다. 인구 규모로만 정의하더라도 호주와 캐나다는 인구 1천 명 이상을 도시로 보고, 이탈리아와 요르단은 인구 1만 명 이상을 도시로 간주합니다. 우리나라와 일본에서는 인구 5만 명 이상을 도시로 규정합니다.

이처럼 도시의 개념은 지역에 따라 상대적인데, 인구가 널리 분산된 나라와 인구가 조밀하게 집중된 나라 간에는 도시의 개념이 다를 수밖에 없습니다. 도시의 크기를 정하는 기준 역시 나라마다 다릅니다. 일반적으로는 도시 규모(=도시의 인구 규모)를 사용하여 도시 규모의 분포를 파악할 수 있으며, 이는 **도시순위규모법칙** rank-size rule 이라는 용어로 구체화할 수 있습니다.

도시순위규모법칙이란, 도시 간 계층성이 존재하는 도시체계 내에서 도시의 순위와 인구 규모 간에는 일정한 규칙이 존재한다는 이론입니다. 이 법칙에 따르면, 특정 지역에서 n번째 순위를 차지하는 도시는 그 지역에서 가장 순위가 높은 도시인구의 $1/n$만큼의 인구를 가집니다. 즉 인구 규모 제2위 도시의 인구수는 제1위 도시인 **수위도시**首位都市 인구수의 $1/2$ 규모가 되고, 제3위 도시의 인구수는 수위도시 인구수의 1/3이 된다는 것입니다. 이처럼 도시의 인구 규모와 순위가 반비례 관계를 유지하면서 일련의 규칙성이 나타나는 현상을 도시순위규모법칙이라고 합니다.

그런데 수위도시의 인구 규모가 제2위 혹은 제3위 도시의 인구 규모에 비해 과도하게 크게 나타나는 경우가 있습니다. 이를 **종주현상**primacy이라고 하며 서울, 부에노스아이레스, 멕시코시티, 리우데자네이루 등이 이에 해당합니다. 종주현상이 나타나는 수위도시를 종주도시primate city라고 하는데 일반적으로 짧은 시간 내에 경제발전을 이룬 개발도상국에서 종주분포가 더 많이 나타나는 경향이 있습니다.

한편, 종주도시가 지닌 종주현상의 정도를 측정하는 척도로는 종주도시지수primacy index를 사용합니다. 이는 제2위 도시의 인구 규모에 대한 제1위 도시의 인구 규모의 비율을 계산하거나, 제2·3·4위 도시의 인구 규모 합에 대한 제1위 도시의 비율을 계산한 수치입니다. 종주도시에는 인구만 집중된 것이 아니라 각종 기능과 자본 및 인프라 등이 집중되어 있으므로 이 지수가 곧 지역 간의 불균형을 나타내며, 이로 인한 여러 가지 사회 문제가 야기될 수 있다고 보는 시각입니다.

이러한 도시체계 속에서 도시는 각국의 경제발전 과정 및 상황에 따라 상이한 현상을 보입니다. 핵심지역의 경우, 주로 20세기 후반부터 예전의 공업 중심 도시발전이 서비스업 중심으로 변모하면서 **탈산업화와 탈중심화, 역도시화**가 중점적인 현상으로 나타났습니다. 핵심지역의 도시들은 공업 분야(특히 제조업)의 수익성 저하로 기업이 생산 규모를 축소했고, 이에 따라 탈산업화 과정이 진행되면서

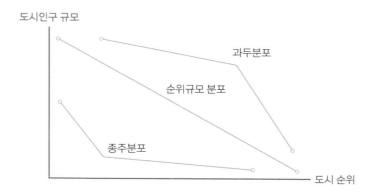

도시인구 규모

과두분포

순위규모 분포

종주분포

도시 순위

⊂⊃ 도시순위규모법칙과 종주현상을 보여주는 그래프

공업 분야의 고용이 감소했습니다. 특히 전통적 중공업 도시들이었던 피츠버그, 클리블랜드, 리버풀, 셰필드 등은 1970~80년대에 고용이 크게 감소했습니다. 동시에 핵심지역들의 대도시 인구와 취업 기회는 상대적으로 작은 도시로 이동했지요. 따라서 노동비용이 저렴하고 기업 환경이 양호한 농촌 도시로 이동하거나 해외의 새로운 생산기지로 이동하는 탈중심화 현상이 발생했습니다.

탈산업화와 탈중심화 과정은 군집의 비경제, 즉 특정 산업이 모여 있는 것이 오히려 이익보다는 손해가 더 많다는 주장을 더욱 가속화했습니다. 공해, 소음, 범죄 증가, 교통 체증, 주택비 상승, 세금 인상, 여가 시설의 훼손 등이 군집의 비경제 효과의 예시라고 할 수 있습니다.

일부 핵심지역에서는 도시화의 종착 단계를 지나 오히려 인구 화율이 저하하는 퇴행 단계까지 나타나고 있습니다. 학자들은 이를 도시인구가 대도시나 도시 지역에서 비도시지역으로 이동하는 분산화 과정, 즉 역도시화counter urbanization 현상으로 설명합니다. 역도시화는 대도시의 주거환경이 열악해지고 생활비가 증가하면서, 발달된 기동성을 활용해 대도시를 벗어나 소규모의 전원적 환경에서 사는 것을 선호하는 사람이 많아지는 현상입니다. 한마디로 대도시로부터 소도시나 농촌 지역으로 인구의 순전출이 발생하는 현상을 말합니다.

역도시화 현상은 대도시에서 발생하는 군집의 비경제, 농촌 및 소도시 지역으로의 접근성 향상 등이 그 원인으로 꼽히며 1970~80년대부터 미국, 영국, 일본 등 핵심지역에서 주로 발생했습니다. 하지만 이러한 현상은 지속적인 것이 아니라 일시적인 조정 과정으로 봐야 한다는 주장이 설득력을 얻고 있습니다. 왜냐하면 최근 더욱 규모가 커진 대도시 지역에 경제의 세계화 및 포스트 산업 활동이 활기를 띠면서 다시금 대도시로 인구 유입이 유도되고 있기 때문입니다. 그런 의미에서 도시인구가 지속적인 감소 추세로 이어지지는 않을 것으로 전망됩니다.

한편 핵심지역들과는 달리 주변지역들의 도시 성장은 다른 양상을 보입니다. 자체적인 도시 성장 과정을 거친 핵심지역과는 달리 주변지역은 경제가 발전하기 이전에 인구가 먼저 늘어나면서 도시 성장이 이루어졌기 때문입니다. 즉 도시에 산업화가 제대로 정착하기도 전에, 더불어 농촌 경제의 발전이 안정화되기도 전에 도시로 인구가 집중되는 현상이 먼저 나타나면서 **과도시화**overurbanization라는 결과를 낳은 것입니다.

과도시화는 도시가 제공하는 취업 기회 및 주택에 비해 인구가

⬭ 수도 마닐라의 대조적인 풍경: 마천루와 슬럼가(왼쪽), 슬럼가의 아이들(오른쪽)

급속하게 증가하는 현상을 말합니다. 주변지역들의 도시성장은 과도시화로 인한 도시의 슬럼화를 촉진하는 계기가 되었고, 거주자가 소유하거나 임대하지 않은 토지squatter settlement에 거주하는 인구도 급증했습니다. 결국 인구를 적절히 수용할 수 없는 주변국들의 과도시화는 지금도 많은 사회 문제를 유발하고 있습니다.

　도시인구의 성장과 도시화는 가장 중요한 지리적 현상입니다. 이를 통해 도시의 경제적 발전이 이루어지고 도시가 문화적 혁신의 발원지가 되었다는 것도 부정할 수 없는 사실이지요. 하지만 핵심지역과 주변지역의 도시화 과정은 상당한 차이가 있고, 이 차이는 현재 핵심지역과 주변지역 간 도시의 인구적·경제적 측면에서 해소하기 어려운 간극으로 남게 되었습니다.

우르에서 콘스탄티노플까지, 고대도시를 해부하다

고대 문명 시기의 도시

첫 번째로 소개할 메소포타미아 문명의 우르는 기원전 3600년에 등장하여 기원전 2300~2180년까지 수메르 제국의 수도였던 도시입니다. 이후 바빌로니아에 정복당했지요. 이 도시는 8m 높이의 성벽이 도시를 둘러친 성곽도시로, 면적 36ha에 최대 3만 5천 명의 인구가 거주한 것으로 추정됩니다. 성곽은 폭 0.8km에 길이 1.2km의 불규칙한 형태로 세워졌습니다. 도시 북쪽과 서쪽에는 선박이 정박할 수 있는 항구가 있었고, 북서쪽에는 종교 시설인 지구라트 Ziggurat(신과 지상을 연결하는 종교의식을 행하는 피라미드 형태의 탑)가 있었는데, 지금도 존재하고 있습니다.

두 번째로 소개할 나일강 유역의 멤피스, 텔 엘 아마르나, 테베 등은 나일강 하천을 따라 발달한 도시들로, 홍수를 조절하기 위한 수로 공사로 인해 협력이 필수였던 도시입니다. 농경 정착 생활로 형성된 취락들이 기원전 3200년경에 도시로 발전했지요. 초기에는

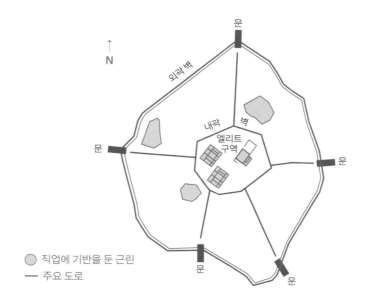

○ N

외곽 벽

문

엘리트
구역

내곽 벽

문

문

문

문

● 직업에 기반을 둔 근린
─ 주요 도로

⊂⊃ 수메르의 도시구조

⊂⊃ 현재의 지구라트(왼쪽)와 지구라트 복원도(오른쪽)

지리를 알면 보이는 도시 및 도시화　　　　　　　　　**231**

메소아메리카의 고대도시 테오티우아칸

이 도시들의 정치적 특색이 불분명했으나 왕권 강화와 함께 뚜렷해졌으며, 경제적 기능보다 정치적 기능이 중시되면서 이집트의 도시들은 대부분 국가의 수도나 지방행정 중심지로 기능했습니다.

셋째, 인더스강 유역의 두 도시 모헨조다로와 하라파는 모두 계획도시였기 때문에 공간구조, 사회구조, 경제구조가 거의 동일했습니다. 기원전 2200년경에 발달했으며 문자, 바퀴 달린 수레, 성채의 축조 등을 봤을 때 메소포타미아의 도시 문화에 영향을 받은 것으로 추측합니다.

넷째, 황허 유역의 안양, 청초우 등은 상나라 때인 기원전 1500년경에 형성되었습니다. 이 도시들은 상대적으로 다른 지역에 비해 도시 발생이 늦었는데, 황허 유역 주변에는 기원전 4000년경부터 많은 사람이 모여 살았지만 정착 대신 유목을 영위한 사람들이 많았기 때문이라고 추측합니다. 중국 상 왕조는 청동기 문화를 기반으로 도시를 형성했습니다. 이들 도시는 사원의 소재지, 잉여농산물의 저장장소, 유목민의 침략에 대항하는 요새로서의 기능을 지닌 것이 특징입니다. 상나라의 청동기 사용은 원시적이던 주민들의 생활을 변화

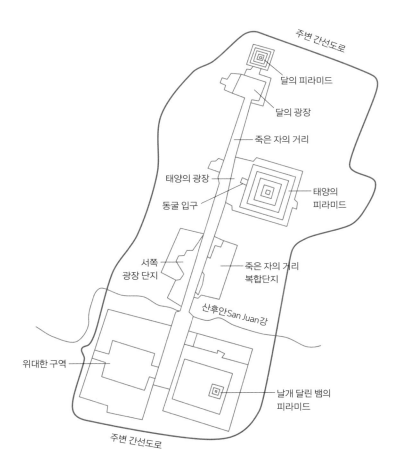

주변 간선도로

달의 피라미드

달의 광장

죽은 자의 거리

태양의 광장

동굴 입구

태양의
피라미드

서쪽
광장 단지

죽은 자의 거리
복합단지

산후안San Juan강

위대한 구역

날개 달린 뱀의
피라미드

주변 간선도로

⬭ 테오티우아칸의 도시구조: 달의 피라미드, 죽은 자의 거리 등이 형성되어 있다.

시켰고, 나아가 중국 초기 도시 발달의 원동력이 되었습니다.

마지막으로 중앙아메리카와 메소아메리카(멕시코 남부에서 과테말라까지 북미와 남미를 연결하는 좁은 띠 모양의 지역)에는 테오티우아칸, 티칼, 마야판 등의 도시가 있었습니다. 이 지역은 올멕Olmecs 문명과 마야 문명의 발생지이기도 합니다. 특히 테오티우아칸은 도시국가로 발달한 이 지역의 가장 오래된 도시로서 기원전 100년경부터 발전했습니다.

멕시코강과 푸에블라강 사이의 계곡에 위치한 이곳은 비옥한 충적평야 지대였습니다. 거대한 규모의 종교 지역과 주거지역이 있었고 도시 내부는 계획적으로 건설되었습니다. 이 도시는 이후 메소아메리카 도시발달에 영향을 주었을 뿐만 아니라 아즈텍 문명에까지 큰 영향을 주었습니다. 이곳에 도시가 발달한 이유로는 주식인 옥수수°와 흑요석 산지였다는 점, 멕시코 분지의 교역로에 위치했다는 점, 관개와 용천수가 있어 집약적 농업이 가능했다는 점이 꼽힙니다.

고대 그리스와 로마 시대의 도시

고대 그리스의 도시는 규모에 상관없이 폴리스라 불렸습니다. 폴리스는 기원전 600~700년에 출현한 것으로 알려져 있는데, 폴리스 중 상대적으로 규모가 크고 잘 알려진 도시로는 아테네와 스파르타가 있습니다. 기원전 400년 당시 아테네의 인구는 10만~15만 명

○ 옥수수는 다른 작물에 비해 많은 노동력을 필요로 하지 않았기 때문에 손쉽게 잉여식량을 확보할 수 있었고, 유휴 노동력을 도시 건설에 할애할 수 있었다.

정도였을 것으로 추정됩니다. 도시국가였던 폴리스는 전형적으로 성벽이 있는 마을 또는 작은 도시가 지배하는 협소한 지역이었습니다. 규모는 대부분 작았지만, 그리스 도시들은 엄청난 역사적 중요성을 띤 곳입니다.

일반적으로 그리스 도시들은 종교 기능과 방위 기능을 갖는 구조물인 **아크로폴리스**acropolis를 중심으로 주위에 비계획적이고 자연발생적인 구역들이 생겨나며 진화했습니다. 아크로폴리스는 주로 의식을 담당했습니다. 아크로폴리스 근처에 있던 불규칙적인 형태의 개방된 광장인 **아고라**agora는 유통과 교환의 장소가 되었습니다.

◯ 그리스 아테네의 도시구조

특히 아고라는 주거지역 입지의 기준이었을 뿐만 아니라 다목적 시장이자 극장의 복합체가 되었습니다.

초기 주거지역은 구불구불한 길거리나 좁은 뒷골목을 따라 불규칙적으로 입지했으나 시간이 흐르면서 도시 재개발이 진행되었고, 정형적으로 고안된 가로망이 발전했습니다. 규칙적인 격자형의 가로-블록체계grid street-block system가 만들어지면서 장인용, 농민용, 군사용 구획이 배정되었고 이들은 각기 자신의 격자를 갖게 되었습니다. 이 격자형 체계는 다른 도시들에도 채택되었지요.

하지만 이처럼 격자형 가로체계를 지닌 그리스 도시는 공간의 구조로 봤을 때 정교한 사회계층이 전혀 발달하지 않은 자유도시였다고 할 수 있습니다. 주거지역은 이후에 등장한 로마의 도시에 비해 평범했고 주택은 소박했습니다. 보통 주택은 길거리에서 떨어진 곳에 빈 땅 또는 복도가 있는 안뜰을 주위로 안쪽을 향해 세워졌습니다.

고대 로마의 도시는 광장인 포럼, 시장 건축물인 바실리카, 집회소인 큐리아, 주신전인 캐피틀, 목욕탕, 극장, 연무장 등의 공공시설이 존재했습니다. 대표적인 도시로는 폼페이가 있습니다.

앞서 등장한 그리스 도시의 형태는 곧 로마 도시의 모델이 되었습니다. 로마인은 점차 그리스 도시에서 채택한 물리적 설계를 뛰어넘어, 계급 질서를 지닌 하나의 사회적 기계처럼 강력한 도시기능을 만들었습니다. 확립된 계급적 질서 인식을 강화하기 위해 특정 장소에 행정 및 종교 시설을 배치한 것을 보면 이 사실을 알 수 있습니다.

고대 로마는 질서정연하면서도 화려하게 설계되었습니다. 또한 시민들의 건강과 오락에 대한 요구가 특별히 주목받았는데, 한때 공

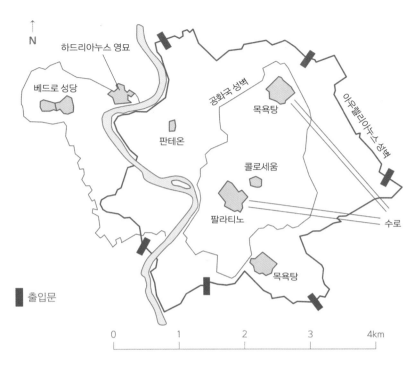

N↑

하드리아누스 영묘

베드로 성당

공화국 성벽

하드리아누스 성벽

목욕탕

판테온

콜로세움

팔라티노

수로

목욕탕

■ 출입문

0   1   2   3   4km

⊂⊃ 고대 로마 지도: 로마는 전성기인 기원후 300년 20.5제곱킬로미터의 면적에 100만여 명의 인구를 지닐 정도로 인구밀도가 높았다.

중목욕탕 900곳, 분수 1,200개, 급수조 250개가 로마 주위에 널려 있었을 정도이지요. 그런 의미에서 로마의 도시는 스트리트 퍼니처(street furniture. 가로시설)가 잘 활용된 것으로 유명합니다. 잘 만들어진 가로시설은 황제가 대중에게 베푼 호의와 배려가 반영된 것으로 볼 수 있습니다. 하지만 이후 로마가 급성장하면서 정교한 도시계획의 이행은 사실상 불가능해졌습니다. 그 결과 로마 대부분은 혼란스럽고 자연발생적인 특성을 갖게 되었습니다.

폼페이의 목욕탕

전형적인 로마의 도시는 정사각형 또는 직사각형으로 설계되었습니다. 남북을 축으로 두 개의 직각을 이루는 길이 중심부 지역을 분할했고, 중앙에는 개방된 정방형의 광장인 포럼°이 배치되어 공중 집회를 여는 공간과 노점상의 장터를 제공했습니다. 공공 및 문화활동을 위한 장소인 포럼에는 장례식, 공연, 체육 행사 등이 행해졌고, 정치적 기능도 이루어졌습니다.

이후 지붕을 덮은 영구적인 시장 건축물인 바실리카가 포럼 옆에 생겼습니다. 바실리카는 소매상점으로는 물론 법정으로도 운영되는 등 공적 시설이자 사적 시설이라는 이중적 기능을 담당했습니다. 이 중 일부는 법정 전용 시설물이 되기도 했습니다. 서기 79년에 베수비오Vésuve 화산 폭발로 묻혀버린 폼페이를 복원한 결과 포럼 주위에 목욕탕, 극장, 경기장, 연무장을 포함해 정교한 공공건물들의 조직적인 구조를 확인할 수 있었습니다.

로마의 전통적인 직사각형 단독주택인 도무스는 안뜰 한가운데를 제외하고 집 전체에 타일 지붕을 덮고, 방은 안뜰 주위에 배치한 형태의 집입니다. 로마처럼 비교적 큰 도시에서는 부유한 사람만이 단독주택에 살 수 있었고, 중·하류층은 3~6층의 공동주택 인술라에서 살았습니다.

최근 티베르강의 항구도시인 오스티아에서 발굴되어 정원의 정자garden house로 명명된 한 공동주택은 100가구 이상이 살 수 있는 아파트형 주택이었습니다. 아파트형 건물들 안에는 1층에 몇몇 소매

○ **포럼(forum):** 오늘날 포럼에 가장 가까운 것으로는 아랍의 길거리 시장인 수크(souk. 다른 말로는 suqs라고도 불리며 해석하면 이슬람의 거리 시장)를 들 수 있다.

⟹ 폼페이에 남아 있는 300평 이상의 단독주택(도무스)

점들이 거리 쪽을 마주하고 있지요. 이 설계는 고도로 계획된 단지의 실제 사례를 보여줍니다. 한편 하류층이 살던 곳에는 집창촌도 있었는데, 당시 유흥과 오락 문화가 얼마나 성행했는지를 알려줍니다.

로마제국의 영향으로 서기 100~200년 동안 유럽 대륙 전역, 즉 런던을 포함한 잉글랜드, 벨기에에서 북쪽의 라인강 계곡까지와 현재의 프랑스인 갈리아, 스위스, 스페인을 거쳐 북아프리카에서 서남아시아를 관통하는 지중해 전역이 로마의 영향을 받았습니다. 정교한 상하수도 시설을 포함하는 대규모 공공사업이 도시들 간의 네트워크를 형성하고 있었지요. 라인강과 다뉴브강을 따라 형성된 도시회랑urban corridors에 위치한 오늘날의 많은 도시는 로마의 군 주둔지에 그 기원을 두고 있습니다. 이런 군 주둔지 근처에는 카나배canabae

⬭ 폼페이에 남아 있는 집창촌 루파나레

라고 불리는 시장 중심지들이 생겨났습니다. 군 복무를 마친 자들은 고향으로 돌아가지 않고 종종 그 지역에 남아 살았습니다. 쾰른, 마인츠, 스트라스부르크, 비엔나, 부다페스트 같은 도시가 이런 기지촌에서 도시로 성장한 사례입니다.

　로마의 도시는 예술과 기술로 개인의 성취감을 높이기 위해 도처에 조각, 석공예, 석고상, 모자이크, 벽화, 금속 세공품 등 많은 유산을 남겼습니다. 하지만 결국 지도자와 시민들 모두에게 만연한 탐욕과 무절제로 로마제국은 몰락했고, 사회질서가 무너지면서 유럽 도시들은 차례로 부패하고 파멸에 이르렀습니다. 서기 300년경 로마의 제도는 붕괴되었고 군대도 약화되었지요. 게르만족의 침입으로 로마제국의 영토는 줄어들었고, 410년에는 고트족(튜튼계의 한 종족으로서 이후 이탈리아, 프랑스, 스페인에 왕국을 건설)의 침략으로 로마가 점령되었으며 476년 서로마 제국은 소멸했습니다.

　로마제국이 쇠퇴하면서 정치·경제적 주도권은 동쪽으로 옮겨갔습니다. 로마와의 연합으로 이교도의 영향에서 비교적 자유로웠던 기독교 도시 콘스탄티노플은 395년에 동로마(비잔틴) 제국의 수도

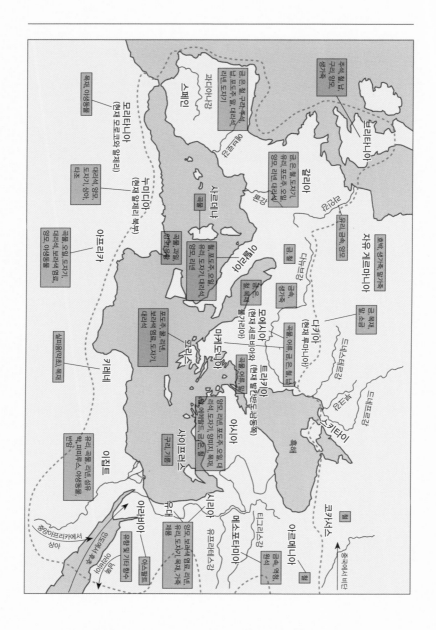

로마제국의 무역 지도: 식량, 사치품, 동물, 금속, 노예 등을 거래한 제국도시들

가 되었습니다. 이 도시는 동서 무역로 중간에 위치한 덕분에 점차 지중해 세계의 경제와 문화 패권을 잡게 되었습니다.

한편, 570년 메카에서는 이슬람교의 창시자(코란 저술자)인 모하메드가 태어났습니다. 무슬림은 바그다드에 수도를 둔 제국을 건설했습니다. 이로 인해 동로마 제국은 페르시아에 기반을 둔 모하메드의 추종 세력인 이슬람 제국과 콘스탄티노플을 수도로 하는 그리스-로마의 기독교 제국으로 분열되었고, 결국 1453년 콘스탄티노플은 이슬람 제국의 수도가 되었습니다.

6장

지리를 알면 보이는
도시구조와 디자인

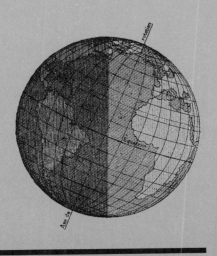

도시가 땅을
대하는 법

　도시의 각 요소가 어떠한 기능을 하는지 나타내는 것을 도시의 내부조직이라고 합니다. 도시의 내부조직은 인간과 인간의 활동을 조직화하여 이들을 상호연계성을 가지는 유기체로 승화합니다. 핵심지역의 대도시 대부분은 도시 기능을 나타내는 내부조직이 토지이용의 형태로 반영되어 있습니다.

　일반적으로 도시 토지이용의 기본 모형으로 간주되는 것은 도시를 세 부분, 즉 **중심업무지구**Central Business District(CBD), **전이지대**zone in transition, **거주지역**residental district으로 나누는 것입니다. 이 모형에 의하면 중심업무지구는 도시의 가장 역동적인 부분으로 도심이라고도 불립니다. 중심업무지구를 둘러싼 지역인 전이지대는 상업적 토지이용과 거주용 토지이용이 혼재된 곳이며, 전이지대 외곽에 분포하는 거주지역은 주로 거주용 토지이용이 나타납니다.

　중심업무지구는 도시에서 고용 기회가 가장 많고, 많은 사람이 모여 재화와 용역의 교환이 일어나며 정보가 교류되는 곳입니다. 중심업무지구를 도시의 다른 부분과 구분할 수 있는 몇 가지 요소가 있는데, 첫째는 도시에서 접근도가 가장 높은 지점이라는 것입니다.

중심업무지구는 도시의 중앙에 자리 잡거나 교통로가 집중된 곳에 있어서 도시 어느 곳에서도 접근하기가 용이합니다. 따라서 사람이 많이 모이고 지가도 가장 높지요.

둘째는 외관의 형태적 특징으로 도시의 스카이라인을 결정짓는 건물들이 몰려 있다는 점입니다. 도시에서 가장 높은 건물, 혹은 특징적인 건물들이 밀집되어 있습니다. 마지막으로는 주야간의 인구 대비가 가장 뚜렷하다는 것입니다. 낮에는 경제활동인구가 밀집되어 있으나 밤에 거주하는 인구는 거의 없는 편입니다. 물론 야간 활동 인구도 있으나 주간에 비하면 매우 낮은 수준으로 나타납니다.

하지만 이러한 도시 토지이용의 기본 모형은 도시 규모가 커지고 복잡해지면서 많은 보완이 필요하게 되었습니다. 무엇보다 교외화가 진행되면서 이들 도시의 상업과 업무 기능을 보조하는 2차적 업무지구와 상업지대가 형성되었으며, 큰 공장이나 공항 주변에는 새로운 공업지대가 형성되기도 했습니다.

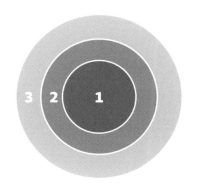

1. 중심업무지구(CBD)
2. 전이지대
3. 거주지역

🔾 도시 토지이용의 기본 모형

20세기 후반에는 **에지시티** edge city라는 새로운 도시 형태가 출현했습니다. 에지시티는 오늘날 고속도로나 주와 주 경계 부근의 잘 발달된 교통축을 중심으로 노드node나 대상linear, 또는 이 둘이 조합된 형태로 발달한 '상업 및 업무 기능 지역'입니다. 주로 대도시 지역 외곽에 있습니다.

미국의 저널리스트 조엘 개로Joel Garreau가 명명한 에지시티는 낮은 밀도, 잘 닦인 도로와 주차장, 대규모 상업·제조·소매·교육·여가 및 주거 시설들로 점유된 것이 특징입니다. 하지만 에지시티는 한 도시에 한정되지 않고 여러 자치체들의 경계에 걸쳐 있기에 전통적인 도시 관점에서 명확한 행정구역이 정의되어 있지 않습니다. 이는 곧 전통적인 자치 행정부 형태가 그곳에는 적용되지 않는다는 것을 말해줍니다.

그렇지만, 에지시티에는 특정 목적을 지닌 자치기관의 형태로 **민간 정부** private government가 존재하며 그들의 힘과 역할이 구도심의 공공 정부를 압도하는 경우도 있습니다. 그런 의미에서 민간 정부는

⬭ 미국 아이다호주의 휴스턴Huston 중심업무지구. 잘 발달된 도로와 마천루가 특징이다.

⬭ 뉴욕 맨해튼 중심업무지구 주변의 전이지대(왼쪽), 전이지대를 둘러싼 거주지역(오른쪽)

자동차와 더불어 에지시티에서 매우 중요한 부산물이라 할 수 있습니다. 에지시티는 주거, 상업, 공업 지역을 포함하며 직업과 여가를 제공할 뿐만 아니라 광범위한 지역 및 분리된 기능, 교외 거주 등 도시로서 규정된 모든 모습을 갖추고 있습니다.

그러나 아이러니하게도 에지시티는 실제 도시라 할 수 없다는 지적도 있습니다. 이게 무슨 말일까요? 에지시티를 재정의해 본다면, 낮은 밀도와 뿔뿔이 흩어진 개별적 입지 형태를 띠고 있는 '건축물들의 군'으로, 전통적인 개념의 근린neighborhood이나 커뮤니티 community와는 다소 차이가 있습니다. 에지시티는 공간지리적 관점이 아니라 시간지리적 관점에서 들여다봐야 비로소 보이는 관념적인 도시이기 때문입니다. 에지시티를 다른 말로 정체불명의 도시, 즉 **스텔스 시티** stealth city라 부르는 이유가 바로 이것입니다.

거리 개념의 변화를 이끌고 현재의 에지시티를 있게 한 가장 큰 원동력은 다름 아닌 자동차입니다. 자동차는 이동 거리의 잣대가 됨과 동시에 실제 공간에서의 거리 개념을 분리하는 수단이 되었습니

⬭ 버지니아에 위치한 에지시티, 타이슨스 코너

다. 사람들은 정신적으로 거주와 노동을 분리하고자 했고, 그 결과 노동의 장소는 불건전한 것으로 간주되어 거주지로부터 떨어져 도보로 도달할 수 있는 곳에 개별적으로 입지하게 되었습니다.

인간이 '짧다'라고 인지할 수 있는 거리는 대략 3마일(약 4.8킬로미터)입니다. 이에 따르면 자동차로 이동한다는 가정 아래, 교통 체증의 가능성을 고려했을 때 에지시티로 인식할 수 있는 최대 시간 범위는 약 45분입니다. 따라서 그들이 사는 곳을 중심으로, 자동차로 도달할 수 있는 시간 범위 내의 경계가 곧 그 사람의 에지시티 경계가 됩니다. 머리에 지도를 떠올리고 그 경계를 그려보면, 아마도 자동차로 45분 거리 안의 모든 구역이 에지시티가 되겠지요. 그러나 이것이 절대적인 기준은 아니기에 에지시티의 크기는 사람들에 따라 더 클 수도, 더 작을 수도 있습니다. 이 때문에 에지시티를 실제 도시가 아닌 관념적인 도시로 보는 것입니다.

한편, 에지시티는 자동차를 기반으로 거대한 건축적 스케일을 요구하는 중상위 계층들의 도시로도 해석할 수 있습니다. 왜냐하면 에지시티 생활의 장점으로 다음과 같은 것들이 있기 때문입니다. 먼저 그들이 낸 돈만큼의 혜택을 직접적으로 누릴 수 있으며, 직장이나 여가활동 선택의 폭이 다양합니다. 개인 공간의 가치를 중요시하므로 안전하고 여유 있는 공간도 제공되지요. 그들의 일을 대신해 주는 작은 민간 정부도 풍부한 직업과 경제적 번영을 제공하고 있습니다.

하지만 에지시티는 여러 자치체의 경계에 걸쳐 있어 각 자치체가 세금 징수에 많은 어려움을 겪고 있다는 문제점도 있습니다. 이로 인한 자치체들의 재정 빈약은 구도심을 더욱 쇠락하게 만들어 도심 문제의 악순환이 반복되는 요인이 됩니다. 결국 자동차와 자본주의라는 두 개의 수레바퀴로 돌아가는 경계 없는 도시 공간, 에지시티는 가난한 자를 위한 공간으로 활용되지 못하고 오직 돈이 가치의 척도로서 모든 것을 판단하는 기준이 되는 도시라는 점, 그리고 도보나 자전거로는 이용할 수 없는 도시이므로 환경적인 지속가능성을 기대할 수 없다는 비판에서 자유로울 수 없습니다.

정리하면, 공공의 관점에서 에지시티는 자본의 수혜를 받는 개개인들에게는 더할 나위 없이 매력적인 장소입니다. 하지만 동시에 구도심 및 지역 전체에 미치는 부정적 영향을 간과할 수 없는 공간이기도 합니다.

도시 토지이용의 기본모형에

도심재활성화가 진행되고 있는 용산

더해, **도심재활성화**(젠트리피케이션gentrification)라는 개념도 최근 중요하게 다뤄지고 있습니다. 도심재활성화란 낙후된 구도심 지역이 활성화되어 중산층 이상의 계층이 유입되고, 이들이 기존의 저소득층 원주민을 대체하는 현상을 가리킵니다.

　도시 중심부에 지어진 과거의 낡은 건물과 저소득 계층이 밀집된 지역을 개조해서 이 지역에 생기는 새로운 수요에 부응하기 위해 도심재활성화가 일어납니다. 이는 도심 환경의 경쟁력을 강화하는 또 다른 기회를 제공하기도 합니다. 하지만 원래 그곳에 거주하던 많은 주민이 쫓겨나듯 이주하는 등 사회 문제가 되기도 합니다. 2009년 우리나라에서 발생한 용산4구역 철거현장 화재 사건(일명 용산 사태)은 이러한 상황을 반영한 예일 것입니다.

도시 속의
군집과 분리

영역성領域性은 집단의 소속감이나 정체성을 설정하고 보존하는 수단을 제공합니다. 사람들은 집단의 정체성을 형성하기 위해 배타적이고 인습적인 모습으로 타자를 규정짓고, 이들을 제한하고자 합니다. 이것이 영역권의 형태로 도시 곳곳에서 나타나고 있지요. 백인 거주지나 흑인 거주지, 작게는 각 대학의 동문회관 등이 그 예라고 할 수 있습니다.

이와 관련해서 **군집** congregation이라는 개념이 있습니다. 군집은 특정 집단의 사람들이 특정 영역에 거주하는 현상으로, 여기에 속한 사람들은 그들의 집단적 정체성을 공고히 다지려 합니다. 대표적인 군집의 형태를 띠는 사람들이 바로 소수집단minority group으로, 이들은 일반적인 인구집단에 비해 상이하게 비추어지거나 그들 스스로가 상이하다고 여기는 하부 인구집단을 의미합니다. 보통 인종, 언어, 종교, 국적, 계급, 성차 등으로 구별됩니다.

군집은 특히 소수집단에 중요한 의미를 부여합니다. 소수집단은 군집을 통해 그들의 문화를 보존하고, 구성원 간 갈등을 최소화하며, 외부인을 방어할 수 있기 때문입니다. 그뿐만 아니라 해당 소

소수집단의 군집을 보이는 이태원의 트랜드젠더 바 밀집 거리

수집단의 기구나 사업, 사회적인 네트워크, 사회복지기관 등을 통해 상호부양의 기회를 받을 수 있으며, 주류사회의 차별에 대응하는 힘의 기반이 되기도 합니다. 따라서 군집은 중요한 장소 만들기 행위라고 할 수 있습니다.

이태원에 있는 '게이 거리'의 경우도 사회적 성소수자를 중심으로 형성된 공간으로 군집 문화가 나타난 예입니다. 기존의 게이 거리가 폐쇄적이고 비밀스러웠던 것과는 달리 이태원의 게이 거리는 상대적으로 개방적인 형태를 띠고 있습니다. 그래서 이곳은 성소수자들이 스스로 담론을 형성하며, 보다 적극적이고 저항적인 퀴어 문화를 만들어가는 장소로 평가되기도 합니다.

군집과 함께 **분리** segregation라는 개념도 알아둘 필요가 있습니다. 분리란 말 그대로 주류 인구집단으로부터 특정한 소수 인구집단이 공간적으로 분리되는 현상입니다. 분리는 군집과 차별이 동시에 작용하여 발생하는 경우가 많습니다. 미국 도시에서 흔히 보이는 흑인과 히스패닉 주민의 거주 구역이 대표적인 예입니다. 이민자들이 흡수된 도시인 샌프란시스코San Francisco의 차이나타운이나 베트남 근린 지역, 영국 브래드퍼드Bradford의 아시아인 근린 지역도 분리의 예로 볼 수 있습니다. 우리나라에는 '서울 속 옌볜'으로 불리는 구로구 가리봉동, 공장에 근무하는 외국인 노동자가 많이 살고 있어 '국경

254

⬭ 가리봉동의 중국촌 거리(왼쪽), 안산시 원곡동 외국인 쉼터의 각국 언어로 된 인사말(오른쪽)

없는 마을'로도 알려진 경기도 안산시 원곡동 등을 군집과 분리가 나타나는 공간으로 볼 수 있습니다. 한마디로 소수집단인 그들끼리는 군집하고, 주류사회로부터는 분리되는 공간입니다.

가리봉동은 과거 구로공단 노동자들의 주거지였던 쪽방촌이 남아 있는 곳입니다. 낡고 쇠락한 빈곤의 모습을 띤 채 공간적 분리가 현실화되고, 조선족 커뮤니티 사회가 고립화되어 가는 것을 확인할 수 있습니다. 이러한 공간적 차별과 사회적 배제 속에 옌벤 조선족 타운에 밀집되어 있던 불법 게임장들과 술집들은 이곳이 불안하고 황폐화된 곳이라는 인식을 강화하는 요인이 되고 있습니다.

이와 비슷한 맥락에서 안산의 원곡동은 다문화 특구라는 이름처럼 다양한 언어로 된 홍보물, 상점 간판 등으로 이국적인 경관이 형성되어 있다는 특징이 있습니다. 핸드폰 상점과 여행사, 노래방이 상당히 많이 있지요. 거리가 지저분하다는 것은 가리봉동과 비슷하지만, 원곡동의 경우 워낙 외국인 노동자들의 주거 이동이 잦다 보니 대문이 떨어져 나간 경관을 쉽게 확인할 수 있습니다. 대문은 영

⬭ 원곡동에서 쉽게 볼 수 있는 떨어져 나간 대문들

⬭ 가리봉동의 쪽방들(왼쪽)과 불법 게임장(오른쪽)

역의 경계로서 영역성의 상징과 같은 의미를 지니는데, 오히려 이곳
에서는 그 의미가 불필요한 것으로 간주되는 것입니다.

한국의 가리봉동과 원곡동은 다문화주의의 환상과 실상이 교차
하는 곳이자 한국 다문화주의의 이중성을 확연히 보여주는 모순의
공간입니다. 이들 지역은 이상과 일상 사이에 상당한 차이를 보이
고, 외국인들만의 **게토**ghetto가 되리라는 두려움을 동시에 안고 있는
지역입니다.

하지만 우리는 이러한 공간을 보며 '차이는 존재하지만 그럼에
도 평등할 것'이라는 말을 되새기며, 이곳이 차별과 배제 대신 관용
과 평등으로 재해석될 수 있도록 노력해야 할 것입니다. 기존의 매
체에서 경관을 다루는 방식을 그대로 답습하여 빈곤과 소외의 거점
이자 지속적인 사회갈등이 일어나는 공간에 머무르지 않도록 다양
성과 창의성, 개방성을 갖춘 공간으로 발돋움할 수 있길 바랍니다.

도시디자인과
전통의 진화

　　도시는 그들의 물리적인 특성에 따라 독특성을 표출합니다. 예를 들어 도로망의 형태, 기념비, 상징적인 구조물, 건물의 형태와 건축 스타일 등에 따라 그 도시만의 특징이 드러나는 것이지요. 이러한 물리적 특징을 통해 도시경관은 도시의 역사와 환경, 그곳을 살아가는 도시민들의 가치관을 반영합니다. 특히 이슬람 도시들은 사회·문화적 가치와 자연환경에 적응한 주민들의 모습이 도시 형태와 설계에 어떻게 반영되는지를 보여주는 좋은 예입니다.

　　세계에는 수많은 이슬람 도시가 있지만, 이 도시들의 기본 형태

⊂⊃ 튀르키예 이스탄불의 자미 블루모스크(왼쪽)와 그랜드 바자르(오른쪽)

와 설계는 대체로 유사하다는 특징이 있습니다. 전통적인 이슬람 도시들은 코란에 나타난 이슬람의 문화적 가치를 공간적으로 드러내고자 하는데, 이 가치는 개인의 사생활과 덕virtue, 사회 공동체, 내적 가치의 존중 같은 개념을 내포하고 있습니다.

도시의 중심 사원인 자미jami는 전통적 이슬람 도시에서 가장 두드러지는 건축물로 가장 중심부에 위치합니다. 예배의 중심지일 뿐만 아니라 교육과 복지의 중심 기능을 합니다. 자미와 도시의 성문 사이에는 시장 바자르bazaar가 위치하는데, 자미와 근접한 거리에 위치할수록 종교 관련 서적, 향료, 기도용 담요 등을 판매하고 자미와 거리가 멀어질수록(성문과 가까울수록) 식품, 직물, 가죽, 기념품 등을 판매합니다.

이슬람 도시에서는 건축을 할 때 사생활을 매우 중요하게 생각합니다. 특히 여성을 남성의 시야로부터 보호해야 한다고 여깁니다. 그래서 전통 가옥의 문들은 서로 마주 보고 있지 않으며, 문 역시 집

아프가니스탄 영화 〈천상의 소녀〉(2006)에서 부르카를 뒤집어쓴 주인공과 대문에 서 있는 주인공. 안이 보이지 않도록 설치된 문을 볼 수 있다.

안이 직접 보이지 않도록 각도를 두고 설치됩니다. 창문 역시 크기가 작을 뿐만 아니라 대부분 눈높이보다 높게 나 있지요. 이러한 모습은 이슬람 도시를 배경으로 한 영화 속에서도 잘 나타나 있습니다.

또한 극심한 더위와 건조한 기후에 적응할 수 있도록 가급적 좁고 구부러진 길을 만들어 가능한 한 많은 그늘을 만들고자 했습니다. 이러한 경관은 이웃 간의 협조와 배려를 강조하는 코란에 근거한 것입니다. 참고로 공공도로는 낙타 2마리가 동시에 통과할 수 있는 폭을 기준으로 설계됩니다.

이처럼 이슬람 도시들은 나름대로 전통과 문화를 유지하려고 노력하고 있습니다. 하지만 세계 경제와 서양 문화에 근간을 둔 대도시화의 영향에서 완전히 자유로울 순 없습니다. 이에 따라 많은 이슬람 도시가 현대적이고 최첨단화된 모습으로 변화하고 있습니다.

이슬람 도시가 문화적 가치를 내포해 디자인되었다면, 서구의 도시계획은 그리스 로마 시대부터 일찌감치 설계의 개념을 도입했

● 〈천국의 아이들〉(2001)

● 〈천국의 아이들 2〉(2005)

 이란 영화에서는 좁고 구부러진 길이 자주 등장한다.

⬭ 이슬람 도시의 현대화

습니다. 근대로 들어와 서구의 도시디자인은 15~17세기 르네상스와 바로크 시대에 근간을 두고 발달했습니다. 이 시대의 부유하고 막강한 정권은 부와 권력을 상징화하기 위해 도시디자인을 이용했지요.

　프랑스의 경우, 나폴레옹 3세 시대에 접어들어 산업화된 자본주의가 대두하면서 사회와 경제가 점차 복잡해졌습니다. 이에 새로운 권력과 권위를 상징적으로 표출하는 동시에 도시의 질서와 안전, 효율성을 추구하는 도시디자인을 새롭게 설계했습니다. 155쪽에서 언급한 오스만의 파리 도시계획이 대표적입니다. 개선문을 중심으로 방사형의 도로가 뻗어 나가도록 설계한 파리는 정치적 혼란을 겪으면서 민중들의 반란 및 폭동의 위협과 혼란을 방지할 목적으로 건설되었습니다.

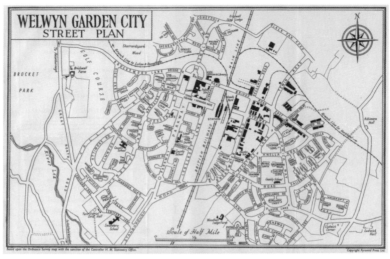

⬭ 1920년대에 만들어진 전원도시인 웰윈

한편 미국 시카고에서는 **도시 미화 운동**City Beautiful Movement이 시작되었습니다. 도시 미화 운동은 무엇보다 노동계급의 피로를 풀어주고 정서적으로 순화할 수 있는 아름다운 도시경관을 만드는 것을 목표로, 미술·건축·조경 등을 통해 도시를 아름답게 꾸며 산업도시의 모습을 개선하고자 했습니다. 특히 19세기 후반 미국의 번햄Daniel Burnham은 도시 설계와 디자인을 통해 시민들의 자존심과 힘을 강조하는 동시에 도시를 문명화하고 시민 정신을 고양하는 도구로 이용하려 했습니다.

이어서 애버니저 하워드Ebenezer Howard는 **전원도시**garden city 운동을 주창했습니다. 전원도시란 도시와 농촌의 장점을 결합한 자족적 신도시를 말합니다. 더 정확히 말하면, 기존 도시와 어느 정도 거리를 둔 위치에 5천 에이커의 농지와 1천 에이커의 시가지로 구성되며 인구가 3만 2천 명을 초과하는 도시를 지칭합니다. 전원도시 운동 역시 도시 미화 운동처럼 깨끗하고 좋은 도시가 좋은 사람을 만들 것이라는 유토피아적 개혁 사상에 기초합니다.

이후 산업화와 도시화가 진행되면서 도시를 보다 기계처럼 설계하고 운영해야 한다는 사상이 확산되었고, 이에 근대주의 건축양식이 정립되었습니다. 모더니즘에 근거한 도시디자인으로 마천루와 아파트가 등장했지요. 하지만 무미건조한 모더니즘 도시경관이 도시의 자연스러운 생활양식과 역동성을 획일화한다는 비판이 이어지면서, 최근에는 다양성과 독창성이 강조되는 포스트모더니즘적 도시 설계가 추진되고 있습니다.

미국 오리건주에 있는 포틀랜드 공공빌딩은 대표적인 포스트모더니즘 건축으로 알려져 있습니다. 이 빌딩은 모더니즘 디자인에서

미국 오리건주 포틀랜드의 포틀랜드 공공빌딩

볼 수 있는 기계 시대의 산업주의에서 벗어나, 20세기의 관점에서 실현 가능한 새로운 접근을 시도했습니다. 이 빌딩은 고전적인 선을 따라 기단, 중간, 꼭대기의 세 형태로 이뤄져 있는데 이는 인간으로 치면 다리, 몸, 머리와 같습니다. 외장 색깔 역시 암회색, 테라코타색, 푸른색으로 나뉘며 각각 지하, 대지, 하늘을 연상시키는 구조입니다. 건물 표면은 규칙적이고 작은 블록으로 나눠진 창문이 강조됩니다. 이와 같이 블록으로 나눠진 외장은 포틀랜드의 격자형 마을 설계를 연상시키고, 마을 주변을 둘러싼 여러 구조물을 반영하고 있습니다.

도시의 뒷골목은
어둡다

도시의 산업구조가 재편되면서 예전의 공업 중심 도시발전이 서비스업, 특히 금융·보험·엔지니어링·소프트웨어·디자인 등의 생산자 서비스업 중심으로 변모하며 탈산업화 도시가 등장했습니다. 주로 핵심지역에 나타나는 탈산업화 도시는 도시민들의 다양한 생활양식에 부응하기 위해 지속적으로 재구조화되었지만, 몇 가지 주요한 문제점들이 나타났습니다. 크게 재정 문제, 도시 기반시설의 문제, 빈곤 및 지역사회의 황폐화 문제를 들 수 있습니다.

앞에서도 언급한 바 있지만, 1970년대 중반 이후 핵심지역에서 경제적 재구조화와 탈중심화 현상이 나타나면서 중심도시에서는 만성적인 재정압박fiscal squeeze 현상이 발생했습니다. 도시 재정 지출에 대한 요구는 증가했으나 도시 정부의 세수입이 감소했던 것입니다. 도시가 확산되면서 개인이나 기업들이 교외 지역으로 이전했고, 중심도시 정부의 세수입은 그만큼 줄어들었습니다.

핵심지역의 중심도시는 일찌감치 도시의 성장과 기반이 이루어졌기 때문에 현재는 중심도시의 기반시설들이 노후화 또는 낙후되어 있습니다. 이렇게 낡아버린 시설들을 유지하거나 보수할 사회적 비용, 즉 걷어야 할 세금은 늘어나고 있지만 실질적으로 거둘 수 있는 세금은 턱없이 부족합니다. 이 때문에 재정 문제에 직면한 것이지요.

그뿐 아니라 중심도시들은 주민들을 위한 박물관이나 공원, 스포츠 시설, 치안 등을 지속적으로 유지할 필요성이 있는데, 중심도시가 필요로 하는 재정에 비해 세금은 부족한 상태에 놓여 있습니다. 이는 곧 도시 기반시설에 대한 투자 감소로 이어집니다. 결국 이러한 상황은 도시민들의 복지, 건강, 일상을 위협하는 문제가 발생할 가능성을 높입니다.

1960년대 이후 도시 중심부의 취업 기회가 교외나 에지시티 등으로 이동하면서 도시 중심부에는 빈곤과 지역사회 황폐화 현상도 나타났습니다. 취업 기회가 이동하면 고소득층이 교외로 이주하게 되고, 역으로 도시 중심부에는 저소득 계층이 유입되면서 지역사회의 황폐화가 발생합니다. 도시의 하위계층underclass과 노숙자homeless들은 이러한 상황을 상징적으로 보여줍니다. 주로 미국, 유럽 등의

⬭ 뉴욕의 오래된 도심에 있는 낡은 아파트와 유럽의 노숙자

주요 도시에서 발생하는 핵심지역의 탈산업화로 인한 도시 문제는 재정 부족, 정부의 복지예산 삭감 등으로 더욱 가속화되고 있습니다.

핵심지역의 도시와는 달리 주변지역 도시의 변화를 유발하는 주요 요인은 자연적인 인구성장과 이주로 인한 인구 변화입니다. 다시 말해, 주변지역에 나타나는 도시문제의 근본적 원인은 도시의 경제성장 정도에 비해 인구성장이 너무 높다는 것, 즉 과도시화입니다. **실업**은 주변지역의 도시가 겪는 대표적인 증상입니다. 특히 개발도상국에서는 급속히 증가하는 거주민들에게 충분한 일자리를 제공하지 못합니다. 이로 인해 도시 주민의 실업률이 농촌 지역의 실업률보다 높게 나타나는 경향이 있습니다.

실업과 함께 부각되는 이슈로는 **불완전 고용**의 문제가 있습니다. 불완전 고용이란, 일할 능력과 의사를 가진 경제 인구가 실질 임금 이상에 미치지 못하는 수준으로 고용된 상태를 말합니다. 즉 많은 사람이 실업자이거나, 바라는 임금 이하로 취업한 상태인 것입니다. 보통 주변지역 도시 취업자의 30~50%가 불완전 고용 상태에

⬭ 인도네시아 자카르타의 밤거리와 어린 여성이 매춘에 노출된 모습

○ 영화 〈시티 오브 갓〉(2005) 속 브라질 슬럼가(왼쪽), 인도 길거리에 있는 임시 거처
지(오른쪽)

놓여 있습니다. 그러다 보니 주변지역의 도시민들은 비공식 지하경
제, 심각하게는 노점상, 마약, 매춘 등에 종사하는 비율이 적지 않습
니다. 특히 비공식 지하경제에서 아동의 노동 착취 문제가 심각한
상황입니다.

이처럼 도시의 과밀화 및 실업과 저임금, 불완전 고용으로 인한
빈곤은 거주지의 슬럼화를 유발합니다. 슬럼화 문제를 해결하기 위
해 주로 정부나 관리가 사용하는 방법은 슬럼 지역의 무허가 주택을
철거하고 재개발하는 것입니다. 하지만 이렇게 슬럼을 철거하더라
도 철거민들은 또 다른 지역에 무허가 주택을 지어 새로운 슬럼을
형성하기 때문에 근본적인 대책이라고 볼 수는 없습니다. 슬럼들은
거주환경이 열악하기 때문에 위생, 교육 등의 측면에서 많은 사회
문제를 일으키고 있습니다.

교통 문제도 심각합니다. 급속한 도시인구의 증가는 심각한 교
통 체증 문제뿐만 아니라 자동차가 내뿜는 매연으로 인한 대기오염
도 악화시키고 있습니다.

○ 인도 델리의 혼잡한 교통상황

　상하수도 문제도 빼놓을 수 없습니다. 세계은행에 의하면 주변지역 도시민의 70%만이 적절한 수준의 상수도원에 연결되어 있으며, 40%만이 하수도 시설을 공급받는다고 합니다. 나머지 60%는 최소한의 하수도 시설도 제대로 공급받지 못하는 실정이라는 것입니다. 중남미 일부와 아프리카 국가가 이런 상황에 놓여 있습니다. 여기에 지하수 오염 문제, 목재와 연료에 의한 산림의 황폐화, 공업과 생활쓰레기 문제 등도 심각한 상황입니다.

　하지만 그 무엇보다도 주변지역의 도시가 처한 가장 큰 문제점은 바로 정부의 관리 능력입니다. 인구의 급속한 과밀화로 인해 심각한 도시문제가 발생하고 있는데도 주변지역의 도시 정부들은 이러한 문제에 대응할 수 있는 충분한 경험과 예산을 갖추고 있지 않습니다.

　주변지역 대부분은 중앙집권적 통치체제에 놓인 경우가 많고, 그러다 보니 지방정부의 정치적 힘은 상대적으로 미비한 상태이지요. 게다가 각 도시들은 대부분 기능적·지리적으로 상당히 분산화되어 있으며, 이로 인한 전문인력 부족, 재정 부족, 부패 등이 도시문

⬭ 인도와 아프리카의 열악한 상하수도 시설

제 해결에 커다란 제약이 되고 있습니다. 특히 부패 문제가 매우 커다란 걸림돌입니다.

아프리카는 과거의 식민지 역사와 함께 리더십의 실패, 부패가 빈곤의 가장 큰 원인으로 지적받습니다. 아프리카의 정치 지도자들 중에는 식민지 해방 투쟁의 지도자였다는 사실만으로 수십 년째 국가와 국민의 고혈을 빨아온 뱀파이어와 같은 정치가들이 있습니다. 37년을 장기 독재한 짐바브웨의 로버트 무가베Robert Mugabe, 임기는 6년이었지만 종신 대통령으로 취임했던 가나의 콰메 은크루마Kwame Nkrumah가 대표적입니다.

이처럼 부패한 아프리카 정치 지도자들의 끊임없는 출현은 식민지 경험과 함께 현재까지 국민을 가난의 굴레에서 벗어나지 못하게 하는 결정적인 이유입니다. 또 한 예로, 20년간 필리핀의 퍼스트 레이디였으며 '3천 켤레 구두'의 주인공으로 알려진 이멜다 마르코스Imelda Marcos 여사는 8년 동안 하루도 같은 신발을 신지 않은 것으로 유명합니다. 신발이 없어 고통받는 국민들이 많다는 사실을 감안한다면 그녀의 사치는 너무나도 부패한 사회의 단면일 것입니다.

⬭ 이멜다 마르코스와 구두

그런데 아이러니하게도, 그녀는 이러한 사실에도 불구하고 쫓
겨난 영부인에서 '대통령 어머니'로 돌아왔습니다. 2022년 필리핀
국민이 바로 그녀의 아들 페르디난드 마르코스 주니어Ferdinand
Marcos Jr.를 대통령으로 당선시킨 것입니다. 국민들이 사회에 깊이 뿌
리내린 정부 관료의 부패를 깨닫고 자정하려는 노력을 하지 않는다
면 주변지역들의 도시문제는 물론 핵심지역과의 간극 역시 쉽게 해
결되지 않을 것으로 보입니다.

이처럼 핵심지역과 주변지역의 도시 변화와 상황에는 많은 차
이가 있습니다. 핵심지역의 도시 변화는 탈산업화 경제로의 이행이
주는 영향이 큰 반면, 주변지역의 도시 변화에는 인구적 요인이 큽
니다. 여기에 정부와 관리의 전문성 부족과 부패 등은 도시문제를
해결할 수 없는 난제로 만들고 있습니다. 불평등한 사회구조 문제도
여전히 진행 중이지요.

이런 요소들이 구체적으로 반영된 도시의 많은 문제들은 쉽게
해소할 수 없어 보입니다. 그러나 우리는 도시가 점진적으로 나아질

수 있는 방향을 끊임없이 고민하고 노력해야 할 것입니다. 그것만이 이 세계와 이곳에서 살아가는 사람들의 시간을 조금이라도 연장할 수 있는 유일한 방법이기 때문입니다.

지리학적 시선에서 다시금 세계 변화를 조망하고 도시를 분석해 본 지금, 여전히 글을 시작할 때처럼 막막하기만 합니다. 특히 핵심지역과 주변지역 간의 격차는 쉽게 좁혀지지 않을 것으로 보이기 때문입니다. 그래서일까요? 여전히 복잡하고 착잡한 심정을 안고 이 글을 마무리 지어야 하는 발걸음은 쉽게 떨어지지가 않습니다.

하지만 언젠가는 이러한 지리적이고 사회적인 현상들이 조금씩 더 개선된 방향으로 나아갈 수 있으리라 생각해 봅니다. 저를 비롯한 많은 학자가 이러한 부조리한 구조적 상황을 마냥 무시하고 있진 않을 것이기 때문입니다.

그러한 이유로 저는 앞으로도 여전히 지리학자로서 카메라를 들고 열심히 답사를 다닐 예정입니다. 예전만큼의 젊음도, 생기도, 용기도 사라졌음을 부인할 수 없지만, 그래도 한 사람의 지리학자로서 세상이 좀 더 나아질 것이라는 믿음과 희망을 거두지 않기 위해서 발로 뛰고, 눈으로 확인하는 학자가 되어 보려 합니다. 여전히 느리겠지만 말입니다.

무엇보다 부족한 글을 읽어주신 독자분들께 감사 인사를 드립니다. 마음 같아선 소설처럼 재미난 글을 펼쳐보고 싶은데, 현실 속 제 글은 도시의 모더니즘적 경관처럼 무미건조하기만 합니다. 언젠 가는 포스트모더니즘적인 느낌의 멋지고 화려한 문체로 여러분을 마주할 수 있을까요? 그러한 날들과 시간이 주어졌으면 좋겠습니다.

사실, 이번 글을 쓰는 동안 저는 많이 지쳤고, 학계에 머무는 것에 대한 회의감도 있었습니다. 하지만 한 줄 한 줄, 묵묵히 글을 써 내려가며 제 자신을 다스릴 수 있어 좋은 경험으로 남을 수 있었습니다.

저의 힘들고 행복했던 시간과 노력을 지식의 한 페이지로 넣어 주셔서 다시금 감사드립니다. 언제나 건강하시고 행복하시길 기원합니다.

정은혜

○참고 문헌

Benedict Anderson, 2006, 《Imagined Communities: Reflections on the Origin
    and Spread of Nationalism》, Verso.

Carl Ortwin Sauer, 1925, 《The Morphology of Landscape》, University of
    California Press.

Colin Michael Hall and Stephen J. Page, 2002, 《THE GEOGRAPHY OF TOURISM
    AND RECREATION: Environment, Place and Space》(2nd edition), Routledge.

David Harvey, 1989, 《The Condition of Postmodernity: An Enquiry into the
    Origins of Cultural Change》, Blackwell.

Denis Cosgrove, 1985. "Prospect, Perspective and the Evolution of the
    Landscape Idea", 〈Transactions of the Institute of British Geographers〉,
    10(1), 45-62.

Doreen Massey, 1993, 《Space, Place and Gender》, Polity.

Doreen Massey, 2007, 《World City》, Polity.

Eric Sheppard and Trevor John Barnes, 1990, 《The Capitalist Space Economy:
    Geographical Analysis After Ricardo, Marx And Sraffa》, Unwin Hyman.

Eun-hye Choung and Suh-hee Choi, 2020, "Sorokdo as a combined dark
    tourism site of leprosy and colonized past", 〈Asia Pacific Journal of Tourism
    Research〉, 25(8), 814-828.

George Ritzer (ed.) 2002, 《McDonaldisation: The Reader》, Pine Forge Press.

John Berger, 1972, 《Way of Seeing》, Penguin Books.

John Henry Patterson, 1994, 《North America: A Geography of the United
    States and Canada》(9th Edition), Oxford University Press.

276

Jon Anderson, 2010, 《Understanding Cultural Geography: Places and Traces》, Routledge.

Karl Marx and Friedrich Engels, 1984, 《Collected Works》, Lawrence and Wishart.

Michael Solot, 1986, "Carl Sauer and cultural evolution", 〈Annals of the Association of American Geographers〉, 76(4), 508–520.

Mike Crang, 2013, 《Cultural Geography》, Routledge.

Paul L. Knox and Sallie A. Marston, 2003, 《Human Geography: Places and Regions in Global Context》(2nd Edition), Prentice Hall.

Paul L. Knox and Sallie A. Marston, 2012, 《Human Geography: Places and Regions in Global Context》(6th Edition), Pearson.

Richard Hartshorne, 1939, 《THE NATURE OF GEOGRAPHY: A Critical of Current Thought in the Light of the Past》, The Association Lancaster.

Stephen Williams, 2009, 《TOURISM GEOGRAPHY: A NEW SYNTHESIS》 (2nd edition), Routledge.

Tim Cresswell, 2013, 《Geographic Thought: A Critical Introduction》, Wiley–Blackwell.

Truman A. Hartshorn, 1992, 《Interpreting The City: An Urban Geography》, John Wiley & Sons.

Walter B. Stöhr and D. R. Fraser Taylor, 1981, 《Development from ABOVE or BELOW?: The Dialectics of Regional Planning in Developing Countries》, John Wiley & Sons.

권용우·안영진, 2010, 《지리학사》, 한울아카데미.

김인, 2001, 《현대인문지리학》, 법문사.

김학훈·이상율·김감영·정희선 옮김(데이비드 하워드 카플란 외 저), 2016, 《도시지리학》 (제3판), 시그마프레스.
(원저: David H, Kaplan·Steven R. Holloway·James O. Wheeler, 2014, 《Urban Geography》 (3rd Edition), John Wiley & Sons.)

박삼옥, 2000, 《현대경제지리학》, 아르케.

이현욱·이부귀 옮김(존 레니 쇼트 저), 2001, 《문화와 권력으로 본 도시탐구》, 한울.
   (원저: John Rennie Short, 1996, 《The Urban Order: An Introduction to Cities, Culture
   and Power》, Wiley-Blackwell.)

정은혜, 2018, 《지리학자의 공간읽기: 인간과 역사를 담은 도시와 건축》, 푸른길.

정은혜·손유찬, 2018, 《지리학자의 국토읽기》, 푸른길.

주성재, 2023, 《인간 장소 지명》, 한울.

한국도시지리학회, 2020, 《도시지리학개론》, 법문사.

한국문화역사지리학회, 2013, 《현대 문화지리의 이해》, 푸른길.

사진 및 지도 출처

구글 맵 https://www.google.co.kr/maps

국립소록도병원 한센병박물관 http://www.sorokdo.go.kr/museum/

대한민국 국가지도집 http://nationalatlas.ngii.go.kr/

대한민국역사박물관 근현대사 아카이브 https://archive.much.go.kr/

서울대학교 규장각 한국학연구원 http://e-kyujanggak.snu.ac.kr/

위키피디아(한국어판) https://ko.wikipedia.org/

한국관광공사 https://knto.or.kr/

IMF https://www.imf.org/

UNDP https://www.undp.org/

World Bank(세계은행) http://www.worldbank.org/

Worldometer https://www.worldometers.info/

○찾아보기